Bowling의 기초이론과 실제

이종호 지음

머리말

 운동과 관련한 실기수업에서 많은 사랑을 받는 볼링은 단순한 운동으로 착각할 수 있으나 기초이론과 올바른 자세 그리고 코스공략의 이론적 지식과 지속적인 반복훈련이 요구되는 종목이다.

 본 서는 여러분의 볼링 기초를 다지고 중상급까지 발전하는데 있어 충실한 안내자 역할을 하였으면 하는 바램을 담고 있다. 이 책이 나오기까지 많은 도움을 준 이규승 선생님과, 모델이 되어준 전 국가대표 출신의 김영미 선수에게 감사를 드립니다.

2005년 1월
이 종 호

목 차

제1장 볼링 초보자를 위한 안내 —————————— 1
  1. 게임 / 2
  2. 볼링의 예절 / 2

제2장 시설의 구조와 명칭 —————————— 5
  ■ 레인의 구조와 명칭 / 5
  ■ 핀의 배열과 규격 / 9
  ■ 볼의 구조 / 11

제3장 점수계산법 —————————— 13
  ■ 스코어 부호 / 13
  ■ 점수 계산법 / 14
  ■ 점수 기록표 / 14
  ■ 볼링경기의 종류 / 15

제4장 볼링에 대한 이해 —————————— 19
  ■ 볼링의 원리 / 19
  ■ 기본테크닉과 기본자세 / 24
  ■ 볼의 회전 / 36
  ■ 지공 / 39
  ■ 볼의 구조 / 42
  ■ 스트라이크의 원리 / 45

■ 스페어의 비결 / 50

제5장 레인의 상태 ─────────────── 57
■ 정비 형태와 경기방법 / 57
■ 레인 상태 파악 / 61
■ 앵글의 선택 / 62
■ 흔히 발생하는 스페어 / 64
■ 흔히 발생하는 스플릿 / 72

제6장 볼링의 특징 및 역사 ─────────── 81
■ 볼링의 특징 / 81
■ 볼링의 역사 / 84

제7장 볼링의 체크 포인트 ──────────── 89
■ 초보자에게 흔히 나타나는 문제 / 89
■ 중급자 이상에서 나타날 수 있는 문제점과 해결책 / 91

제8장 볼링을 위한 스트레칭 및 근력강화 운동 ─── 99
■ 부상 / 99
■ 부상 방지를 위한 운동 / 103

제9장 용어 ──────────────────── 109
■ 공식용어 / 109
■ 비공식용어 / 114

제1장 볼링 초보자를 위한 안내

볼링을 처음 시작하는 사람에게 있어서 어려운 문제 중의 하나는 볼링장을 방문해서 게임을 하기까지의 절차이다. 아래 이용 절차는 초보자에게 도움을 줄 것이다. 또한 볼링에 대한 예절은 즐겁고 안전한 볼링을 위해 중요하다.

레인 배정

볼링장에 도착하면 안내데스크에 가서 레인을 배정받는다. 레인의 여유가 없으면 신청하고 나서 일정 시간을 기다린다. 기다리는 동안 볼링 공 등의 용구를 선택하며 다른 경기자의 모습을 관람하거나 부대시설을 이용한다. 함께 간 동료의 지도나 볼링장에 상주하는 코치를 통해 정확한 기본 동작을 배우는 것이 좋다.

용구

기본 장비인 볼과 볼링화는 볼링장에 구비되어 있다. 볼링화는 약간의 이용료를 지불하면 되고, 볼은 비치되어 있는 하우스 볼 중 자기 체중의 1/10정도 되는 무게를 선택한다. 이때 엄지와 중, 약지가 편안하게 들어가는 것을 선택한다.

1. 게임

처음에는 점수를 내는 것보다 기본자세와 스윙, 볼 투구에 신경을 쓰며 익혀야 한다. 거터에 볼이 빠지거나 어프로치에서 미끄러진다고 해서 창피하게 생각할 필요는 없다. 꾸준히 배울 계획이면 볼링장내 동아리 클럽이나 사내 볼링 클럽에 가입하여 도움을 받는 것이 좋다.

2. 볼링의 예절

경기 전의 예절
(1) 어프로치에 올라 갈 때는 반드시 볼링슈즈로 갈아 신는다.
(2) 경기 복장은 간편하게(남자는 바지, 여자는 스커트) 입도록 한다.
(3) 어프로치 밖에서는 볼을 휘두르지 않는다.

경기 중의 예절
(1) 자기가 선택한 볼로 만 투구한다.
(2) 투구는 핀이 완전히 세트된 다음에 한다.
(3) 자기보다 먼저 투구자세를 취한 사람에게 양보한다.
(4) 동시에 투구준비가 되었을 경우는 오른쪽 사람이 우선한다.
(5) 파울라인을 밟지 않는다.
(6) 볼을 잡은 채 오랜 시간 어프로치에 서 있지 않는다.
(7) 볼을 던진 후 너무 오래 어프로치에 서 있지 않는다.
(8) 음료는 지정된 장소에서 마신다.
(9) 스트라이크나 스페어 처리시 박수로 격려한다.
(10) 볼 테크 위에 1인당 2개 이상의 볼은 두지 않는다.

경기 후의 예절
(1) 경기가 끝난 후에는 사용한 볼을 제자리(볼 보관대)에 둔다.
(2) 함께 경기를 한 상대에게 예의를 표한다.

관중과 응원에 관한 예절
(1) 타인의·경기 방법을 평가(비방)하지 않는다.
(2) 고성과 간섭으로 경기를 방해하지 않는다.
(3) 사진 촬영을 하지 않는다.

기타
(1) 거울 앞에서 스텝 연습 시 볼을 들고 스윙하지 않는다.
(2) 볼링장 내에서 흡연하지 않는다.
(3) 음주 후 볼링을 하지 않는다.

TIP

- 모든 스포츠가 그렇듯이 볼링도 간단한 준비운동으로 가볍게 몸을 풀어준 다음 게임에 참가한다.
- 볼링 실력을 향상시키자면 꾸준한 연습이 필요하다.
- 기본 정석이 완전히 익혀진 다음에는 자기의 체력이나 기량에 맞게 자기 스타일을 만드는 것이 좋다.

제2장 시설의 구조와 명칭

어떤 스포츠에서든 관련된 시설의 구조와 명칭을 이해하는 것은 운동 수행의 향상을 위한 아주 중요한 기본 단계이다. 볼링에 있어서 레인의 구조와 명칭에 대한 이해는 볼링에 대한 흥미를 한층 높일 수 있다.

1. 레인의 구조와 명칭

레인(lain)

볼이 굴러가는 마루를 레인이라고 하는데 폭은 106cm, 39쪽의 나무판자가 세로로 깔려있다. 레인의 길이는 파울라인에서 1번 핀까지가 18m28cm(60피트)인데 볼을 효과적으로 굴리기 위하여 스폿이 있다. 레인 표면에는 레인컨디션을 유지하기 위해서 파울라인에서부터 약 25~45피트까지는 오일이 칠해져 있고, 전후좌우를 모두 모두 수평으로 깎아서 울퉁불퉁한 곳이 없도록 만들어 졌다.

어프로치(approach)

레인과 연결된 마루로서 경기자가 볼을 들고 스텝을 밟아 굴리는 동작을 하는 장소이다. 길이는 4m57cm 이상이면 되며 스텝을 밟는 데 지장이 없도록 깨끗하고 알맞게 미끄러워야 한다.

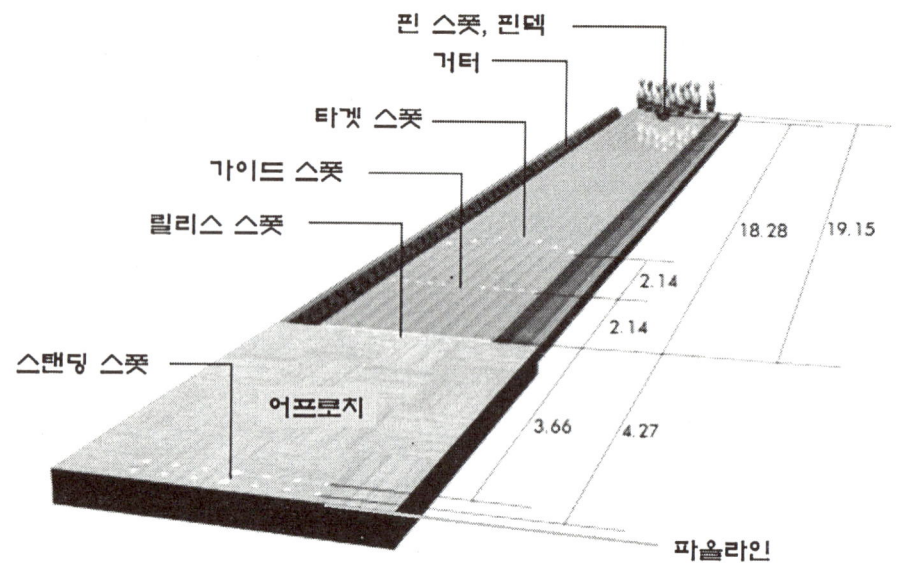

레인의 구조와 명칭

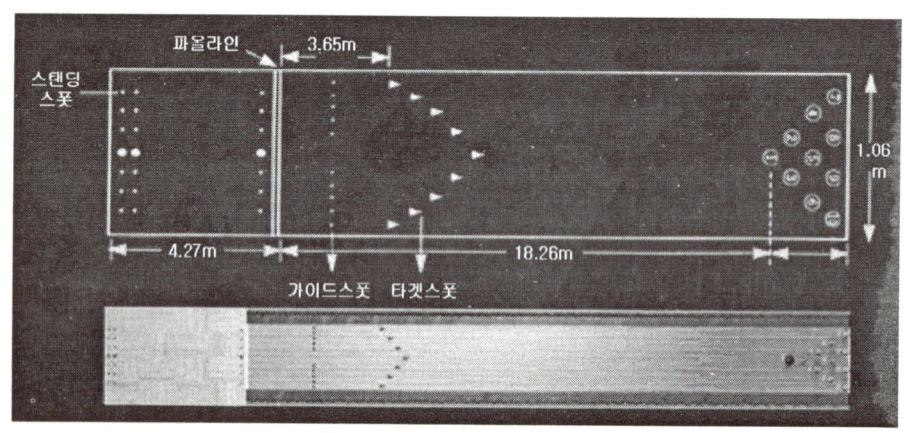

레인의 규격

6 | Bowling의 기초이론과 실제

파울라인(foul line)

레인과 어프로치의 경계를 나타내는 검정선을 말하며 이선을 넘어서 투구를 하면 반칙이 되어 핀이 넘어져도 득점이 되지 않는다.

스탠딩 스폿(standing spot)
투구 동작에 들어갈 때 최초로 서는 발의 위치를 잡기 위한 곳이다.

가이드 스폿(guide spot)
레인 위의 파울라인 앞 2.14m지점에 좌우로 3,5,8,11,14쪽에 다섯 개씩 있는 둥근 표시이다. 이 스폿은 정확한 컨트롤을 하여 에임 스폿으로 유도하기 위한 것이다.

에임 스폿(aim spot)
레인 위의 가이드 스폿 보다 멀리 산 모양으로 늘어선 7개의 쐐기형 표시이다. 에임 스폿은 좌우로 5,10,15,20쪽에 있는데 레인은 39쪽으로 20쪽에 중복 된다.

거터(gutter)
레인 양쪽에 평행으로 판 홈통으로 여기에 떨어진 볼은 핀에 맞지 않고 그대로 피트로 굴러 들어간다.

핀 덱(pin deck)

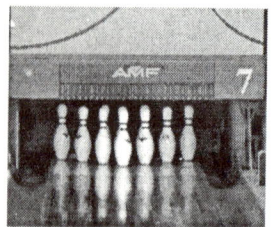

레인 끝에 핀을 배치해서 세워두는 장소이며 핀의 배열을 항상 일정하게 하기 위해 표시가 되어 있다.

리턴 덱(return deck)

피트에 떨어진 볼은 자동기계에 의해 바닥 밑에 있는 코스인 볼 리턴을 통하여 리턴 덱까지 되돌아온다. 되돌아 온 볼이 있는 대를 리턴 덱(return deck)이라고 한다.

핀의 배열과 규격

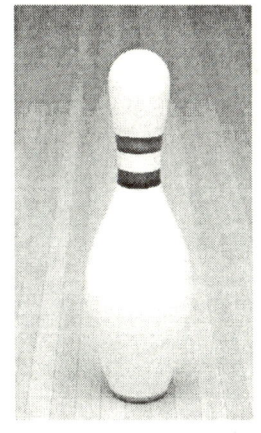

핀은 볼과 부딪히는 강한 충격에 견딜 수 있도록 튼튼하고 견고한 단풍나무로 만들며, 표면은 특수 도료로 칠해져 있다. 핀 하나의 무게는 3파운드6온스(약1.3kg)이상 3파운드10온스(약1.6kg)이하로 규정 되어 있다. 또 열개의 핀을 세트 했을 때, 가장 무거운 핀과 가장 가벼운 핀의 무게차이는 112g이내 이어야 한다.

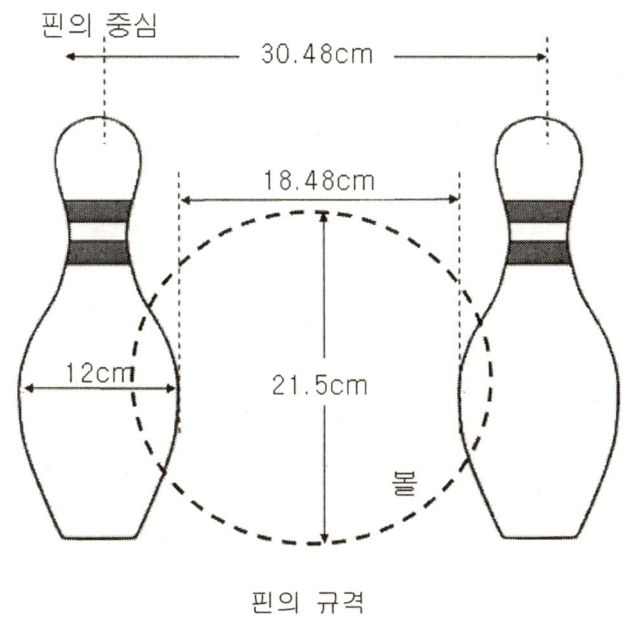

핀의 규격

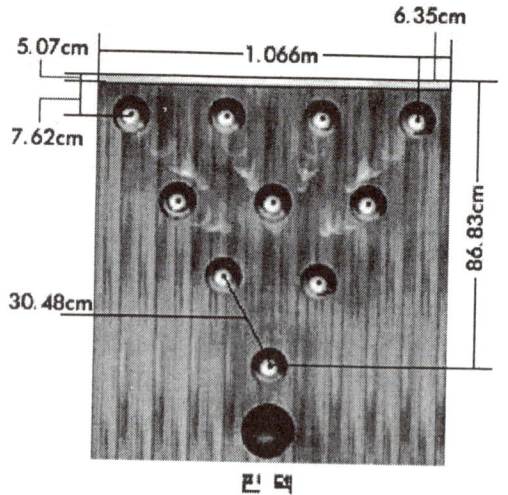

핀의 배열

이웃한 핀끼리의 거리는 핀의 중심에서 중심까지 30.48cm이고, 핀의 표면 중 볼록한 부분에서 볼록한 부분까지는 18.38cm이다. 따라서 볼의 지름이 21.5cm 이므로 평행으로 서있는 두 개의 핀을 처리하기 위해서는 양 핀을 3.5cm 이내로 맞혀야 한다는 결론이 나온다.

볼의 구조

1) 재질
볼의 표면은 경질 고무나 에보나이트로 되어 있고, 내부는 합성 고무와 코르크의 혼합물로 채워져 있다.

2) 무게
볼의 무게는 6파운드부터 16파운드까지 있다. 숙련이 될 수록 무거운 볼을 사용하게 되는데 그 이유는 볼이 무거울수록 핀을 쓰러뜨리는 파괴력이 높기 때문이다.

3) 크기
공인 볼의 크기는 어느 곳을 재 보아도 직경 21.5cm, 둘레 68.58cm인 완전한 구형체 이어야 한다.

4) 볼의 밸런스
손가락이 들어가는 구멍을 뚫는 부분을 머리(Top)라 부르는데 이곳은 표층이 두꺼워서 더 무겁게 되어 있다. 이 무게의 차를 탑 웨이트(Top Weight)라고 한다. 이것은 머리 부분에 3개(엄지, 중지, 약지)의 지공을 할 때 아래 부분의 무게 밸런스가 무너지는 것을 막기 위해 미리 더한 무게이다.

5) 볼의 선택

볼을 선택할 때는 체중에 알맞은 무게의 볼을 선택해야 한다. 초보자는 보통 자기 몸무게의 1/10에 해당하는 무게의 볼이나 한 단계 아래의 볼을 선택함이 좋다. 손가락이 볼의 구멍에 너무 끼거나 느슨해서는 안된다.

볼의 선택법

볼의 종류	볼의 무게	체중	볼의 종류	볼의 무게	체중
16파운드	7.3 kg	73 kg	11파운드	5.0 kg	50 kg
15 〃	6.8 kg	68 kg	10 〃	4.5 kg	45 kg
14 〃	6.4 kg	64 kg	9 〃	4.0 kg	40 kg
13 〃	6.0 kg	60 kg	8 〃	3.6 kg	36 kg
12 〃	5.5 kg	55 kg			

처음에는 볼링장에 비치되어 있는 볼(house ball)을 사용하다 볼에 좀더 익숙해지면 본인의 손가락과 무게에 맞는 볼을 지공해서 본인만을 위한 볼(my ball)을 사용하는 것이 좋다.

제3장 점수계산법

스코어 기록 부호로 표시되는 점수 계산법과 경기방식을 이해하고 있으면 볼링 게임을 좀 더 흥미 진지하게 즐길 수 있다.

스코어 부호

 스트라이크 : 1구로 10개의 핀을 모두 쓰러뜨렸을 때

 스페어 : 1구로 남은 핀을 2구에 모두 쓰러뜨렸을 때

| ─ | 미스 : 2투로 한 핀도 쓰러뜨리지 못하였을 때

| O | 스프릿 : 1구로 몇 개의 핀이 쓰러지고 두 핀 이상이 떨어져 남은 경우(득점과는 관계없음) 예, 4,6 or 4,5

| G | 거터 : 볼이 레인을 벗어나 거터에 떨어졌을 때

| F | 파울 : 파울라인을 넘었을 때, 득점은 0점, 2구째라면 1구의 득점만 인정

점수계산법

| ─ | 한 프레임 점수만 가산

▨ 다음 프레임 초구까지 보너스 점수 가산

◆ 다음 프레임 2구까지 보너스 점수 가산

◆◆ 다음 다음 프레임 초구까지 보너스 점수 가산

점수 기록표

한 게임은 10개의 프레임으로 한다. 경기자가 스트라이크를 했을 때를 제외하고 9프레임까지는 한 프레임당 볼을 2회 굴린다. 10번째 프레임에서는 스트라이크를 했을 때는 같은 레인에서 두 번 굴리고 스페어를 했을 때에는 한 번 더 굴릴 수 있다.

이상과 같은 원칙으로 다음과 같은 기록표가 얻어진다.

프레임 이름	1	2	3	4	5	6	7	8	9	10

다음은 점수기록의 예이다. 점수의 계산은 컴퓨터로 계산되어 모니터에 나타나지만 본인이 반드시 숙지하고 있어야 한다.

이름\프레임	1	2	3	4	5	6	7	8	9	10
점 수	9 /	8	⑦ 2	▶◀	F 9	7 ▶◀	G 8	▶◀	▶◀▶◀	▶◀⑧
	18	26	35	54	63	73	81	111	139	158
계산법	10 + 8	18 + 8	26 + 7 + 2	35 + 10 + 9	54 + 9	63 + 10 + 0	73 + 8	81 + 10 + 10 + 10	111 + 10 + 10 + 8	139 + 10 + 8 + 1
	(18)	(26)	(35)	(54)	(63)	(73)	(81)	(111)	(139)	(158)

볼링경기의 종류

볼링경기에는 여러 가지 방법이 있다. 공식 시합에서의 볼링경기방식과 여러 선수가 친선으로 같은 레인 안에서 서로 편을 들어 합한 점수로 경기를 진행하는 것도 일종의 볼링 경기 방식이다.

1) 공식경기에서의 경기 방식

(1) 스크래치 게임(scratch game)
스크래치 방식이란 득점의 합계로 순위를 정하는 방법으로 이는 점수제라고도 한다. 일반적으로 운용되는 방법이며 공식 대회에서 행해지는 방법이다. 제일 알기 쉽고 초보자 그룹에 가장 적합한 게임이다. 개인 또는 팀별 기록한 점수에 따라 등위를 정하며 게임순서는 경기 시작 전 미리 정하고 순서대로 진행하는 경기 방식이다.

(2) 오픈 개임(open game), 리그 게임(league game)
오픈게임은 한 레인에서 순서대로 돌아가면서 게임을 하는 경우이고 리그게임은 좌. 우측 양쪽레인을 번갈아가면서 한 프레임씩 투구하는 경기 방식이다.

(3) 마스터즈 게임(Masters game)
주로 큰 대회에서 사용 된다. 다수의 인원을 선발 하여 서로 한번씩 경기를 하면서 승점과 토탈 점수로 우위를 결정한다. 이런 경우는 아주 큰 시합에서 실력이 뛰어난 사람들이 많을 경우 사용한다.

(4) 베이커 포멧(Baker Format)방식
5인조 베이커 포멧 경기방식은 FIQ전 회장인 프랭크 베이커(Frank Baker)씨가 고안한 경기방식으로 5인조팀전에 한하여 적용할 수 있으며 미리 정해진 투구 순서에 따라 첫째 투구자가 1, 6프레임, 둘째 투구자가 2, 7프레임, 셋째 투구자가 3, 8프레임, 넷째 투구자가 4, 9프레임, 마지막 투구자가 5,10프레임을 치루어 상대 팀과의 승패를 1게임으로 결정하는

TV중계를 위한 새로운 경기방식이다

(5) 파라마스 게임(Paramas Game)

예선을 거쳐서 본선 상위 몇 명을 선별한 후 이 선수들을 아래에서부터 순서대로 스크래치 게임을 해서 승자가 상위 선수와 겨루는 방식이다. 예를 들어 4등과 3등이 겨뤄서 승자가 2등과 겨루고 승자가 1등과 겨루어서 최종 승자를 선별하는 게임이다.

(6) X 인조 전

2인조, 3인조, 5인조전이 가장 많은 경우로 한 팀의 수를 말한다. 상대방도 같은 인원으로 게임을 하며 한 레인에 같은 팀 선수 몇 명과 맞은편 레인에 다른 팀 선수 몇 명이 순서를 정하여 게임을 하여 팀 점수로 승부를 낸다. 이외에 한 번에 게임을 하지 않고 스크래치게임을 계속하여 총 점수로 승부를 내기도 한다.

2) 그 외의 경기 방식

주로 친목과 동호회 측면에서 만들어진 비공식 경기 방식이다.

(1) 핸디캡(Handy Cap)방식

초보자와의 경기 시 통상적인 에버러지 차의 80%를 미리 덤으로 얹어 주는 방식이다. 이를테면 A-190점, B-160점, C-140점인 경우 B에게는 24점, C에게는 40점의 점수를 덤으로 주는 것이다. 한편 에버러지를 알 수 없는 경우 초보자에게는 10~20점, 여성인 경우는 15~20점의 핸디캡을 적용하기도 한다.

(2) 3-6-9 게임

이 게임은 3프레임, 6프레임, 9프레임에 미리 스트라이크를 주어서 게임을 하는 경우이다. 1 프레임 외에 스트라이크를 치는 경우 더블이상이 되어서 고득점이 되기 쉽다. 그래서 좀더 볼링에 대한 흥미 유발을 가지게 할 수 있다.

(3) 쌍쌍게임, 스카치게임

이 게임은 남녀가 한 팀이 되어서 한 게임에 임하는 경기이다. 먼저 여자가 투구를 하였다면, 남자가 커버를 한다. 여자가 스트라이크를 치는 경우 순서가 바뀌어 진다. 다음 프레임에서는 남자가 초구를 쳐야 한다. 이 게임은 남녀의 팀웍이 중요하며 커버에 자신이 있는 사람이 커버를 할 수 있도록 순서를 유지하는 것이 중요하다.

제4장 볼링에 대한 이해

볼링은 정해진 목표를 동적인 신체 활동과 정신적인 협응을 통해 일관성 있는 동작을 요구하는 과학적인 스포츠다.

 이론적인 지식과 고도로 숙달된 신체 기술 적용 방법의 필요성을 느끼게 되고 실전을 통해 하나씩 체득할 때 심오한 정복 욕구와 성취에 따른 희열을 만끽하게 된다. 그러나 누구든지 쉽게 배울 수 있다고 해서 성급한 마음으로 일시에 고득점을 낼 수는 없다. 모든 스포츠가 마찬가지이지만 충분한 기본 훈련과 연습량이 필요하다.

볼링의 원리

> 볼링은 18m 길이의 마루 끝에 역 삼각형의 배열로 세워 놓은 10개의 핀을 몸무게 1/10이상 되는 무거운 볼을 굴려 쓰러뜨리는 경기이다.

 무거운 볼을 18m 이상 굴리는 일은 힘만으로는 불가능하다. 따라서 목표한 핀을 넘어트리기 위해서는 시계추와 같이 움직이는 진자운동의 원리를 활용해야 한다.

진자운동을 시계추운동 또는 그네운동이라 하는데 물리학적인 측면에서 목표한 스폿에 볼을 보내기 위해서는 반드시 지켜야 하는 몇 가지 원리가 있다.

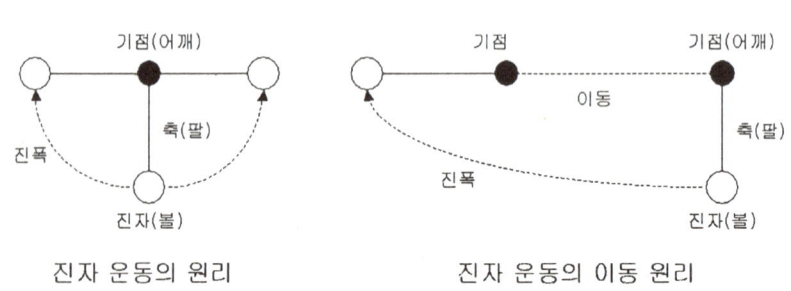

진자 운동의 원리   진자 운동의 이동 원리

1) 팔은 일직선(축-진자)을 유지해야 한다.

앞으로 내리는 볼은 무게 중심의 이동에 따라 시계추 원리에 의해 자연스럽게 올라가면 뒤(백)정점에 이른 볼은 탄력에 의해 앞으로 되돌아오게 된다.

이때 팔이 구부러진다면 올바른 진폭이 형성 되지 않으며 탄력의 힘도 최대로 이용하지 못하게 된다.

2) 진자의 높이와 방향

볼을 쥔 팔을 뒤로 했을 때 볼의 높이가 어깨의 기점과 같을 때 아래로 향하는 가장 큰 힘이 발생한다.

기점이 낮을 경우는 앞으로 나오려고 하는 원심력이 상대적으로 줄게 되므로 볼의 속도가 느려지고 위력이 떨어진다.

백스윙에서 진자운동 되어 앞으로 나오는 볼은 어깨 축과 수직을 이룰 때 가장 큰 탄력을 갖게 되는데 이때 손에서 볼이 떨어져나가기 시작해야 한다.

　이 시점을 릴리스 타이밍이라 하며 이 때 손목의 힘과 손가락의 힘으로 투구하되 볼의 진행 방향을 임으로 바꾸면 안 된다. 백스윙에서 포워드 스윙으로 진행될 때도 목표물과 일직선을 이루게 하며 원하는 방향으로 일직선이 되게 릴리스 해야 한다.

어깨의 수평유지

3) 진자운동은 유연해야 한다.

 진자운동은 도중에 정지하는 일 없이 하나의 흐름으로 연속되어야 하는데 스윙의 스텝과 연결될 때의 동작이 매끄럽지 못하면 볼의 무게를 많이 느끼게 되고 올바른 진폭 형성이 안 된다.

 팔의 스윙과 몸의 균형이 적절하게 이루어지도록 유연성과 리듬을 갖도록 노력해야 한다.

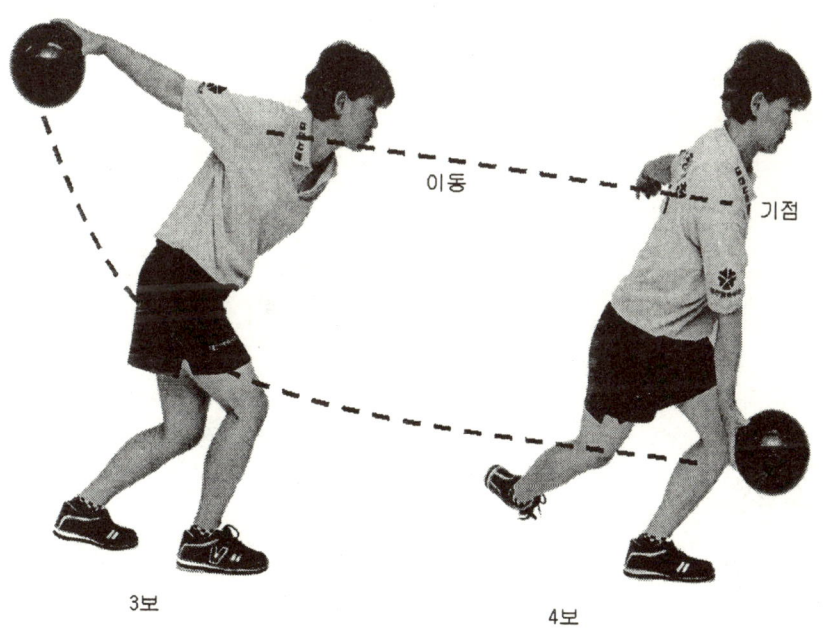

기본테크닉과 기본자세

> 최고 7.3kg이나 되는 무거운 볼을 18m 이상의 거리에 있는 10개의 핀을 쓰러뜨리기에는 볼의 탄력이 모자란다. 따라서 볼에 추진력(스피드)을 주기 위해서는 스윙을 하면서 스텝을 해야 한다.

스텝에는 3스텝, 4스텝, 5스텝, 6스텝이 있다. 일반적으로 4스텝을 많이 활용하며 정확한 스텝을 몸에 익히기에 용이 하다. 그러나 어느 정도 숙달이 되어 중급 수준이 되면 5스텝으로 스피드를 이용하여 탄력 있는 볼링을 구사할 수 있다.

먼저 스텝을 하기전의 준비 자세(양발의 위치, 스탠스 스폿 위치선정, 어드레스)에 대해 알아보자.

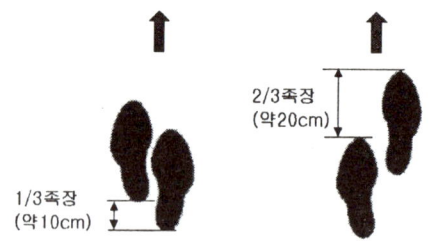

4스텝시(오른손 볼러)   5스텝시(오른손 볼러)

1) 양발의 위치

4스텝일 경우 왼쪽발을 앞으로 약 10cm 정도 내민 상태에서 두발을 붙여야 한다. 오른발의 앞부분이 움푹 들어간 왼발에 들어가며 양발은 곧게 타겟에 평행하게 된다.

5스텝일 경우 왼발의 발가락들을 오른발의 뒷꿈치와 나란히 세우고 왼발의 발가락의 안쪽 모서리는 오른발 뒷꿈치의 뒤쪽 안 부분과 직선으로 배열한다. 왼손 볼러의 경우는 반대가 된다.

2) 스탠스 스폿 위치 선정

　파울라인으로부터 스탠스 스폿까지의 거리는 사람마다 보폭이 다르기 때문에 서는 위치도 각기 다르다

스탠스 스폿을 결정하는 방법(4스텝의 경우)

　파울라인에서 스텝을 시작하여 마지막 스텝에서 반보를 더한 위치가 스텐딩 포지션이다.

3) 어드레스 자세

(1) 허리

적절한 몸의 균형을 유지하기 위해 척추를 약간 앞으로 기울인 상태가 전진하는 동작을 더 쉽게 해준다. 척주는 허리 부분에서 약 15° 정도 앞으로 구부려야 한다.

(2) 어깨

어깨선은 수평을 유지하면서 어깨선과 볼을 쥔 손의 각도는 목표선에 수직이어야 한다.

(3) 무릎

스탠스 자세를 취한 것은 일련의 운동을 실행하기 위한 것이다. 이러한 움직임들은 유연해야 하기 때문에 무릎관절은 구부러져야 한다. 이때 무릎의 각도는 20° 정도가 좋다. 이렇게 함으로써 몸이 더 유연해 질뿐 아니라 몸의 균형도 더 좋게 해준다.

(4) 팔꿈치

볼을 지탱하기위해 팔꿈치를 배의 오른쪽 옆구리에 가볍게 스치는 정도로 붙인다.

(5) 왼팔

볼의 무게를 지탱하기위해 왼손은 볼의 왼쪽 아래 부분을 바친다.

(6) 오른 손목

스탠스 자세를 취할 때 상황에 따른 세 가지 손목 포지션이 있다. 훅성 스핀을 주기위해 손목을 구부린 컵핑 형태, 직구를 치기위해 손목을 펴준 스트레이트 형태, 스페어 처리를 위해 많이 사용되는 손목을 완전히 바닥 쪽으로 펴준 브로큰 형태가 있다.

(7) 시선

핀을 보지 않고 에임 스폿에 고정시킨다.

4) 스텝

(1) 4 스텝

❶ 첫 번째 스텝

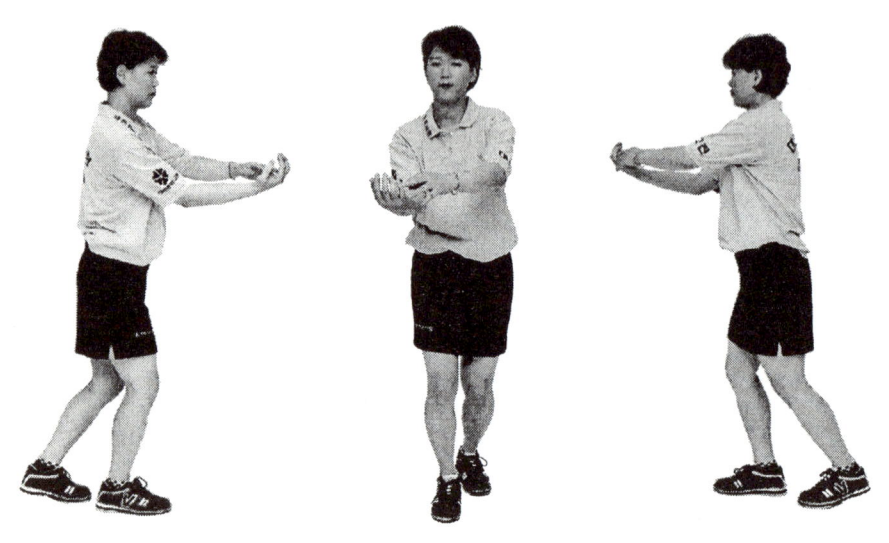

첫 스텝에서는 오른팔과 오른발이 하나로 움직여야한다.

이것을 푸쉬 어웨이(push away)라 부른다. 살짝 밀어주면서 아래로 내려 오른발위의 바른 위치로 가져가는 것이다. 보폭은 왼발 앞 10cm정도 오른발 뒤축이 놓이게 하며 왼손은 처음과 같이 볼 무게를 지탱해준다.

❷ 두 번째 스텝

두 번째 스텝에서는 오른팔과 볼이 아래쪽으로 스윙되면서 왼발이 앞으로 움직이게 된다. 이것을 다운스윙(dawn swing)이라 부른다.

왼손은 볼에서 떨어져 앞쪽에서 옆으로 옮겨지며 몸의 균형을 잡아준다. 무릎과 허리의 각도는 스탠스자세 그대로 굽히면서 유지해준다. 팔꿈치는 쭉 펴진 상태로 다리의 중심선과 팔의 일직선이 형성되도록 한다.

❸ 세 번째 스텝

세 번째 스텝에서는 오른발은 앞으로 나아가며 오른팔은 뒤로 스윙하기 시작해서 가장 높은 위치에서 스윙이 끝난다. 상체와 적절한 각도를 유지한다. 이것을 백스윙(back swing)이라 한다.

엉덩이와 팔의 각도는 90~120° 정도 항상 일정하게 만들어 준다. 오른발은 마지막 릴리스 타이밍(4번째 스텝)을 위해 슬라이딩 할 수 있는 힘으로 킥 동작을 해야 한다.

❹ 네 번째 스텝

어프로치에서 가장 중요한 부분으로 포워드 스윙(forward swing)이라 한다. 왼발이 앞으로 향하고 오른팔도 앞으로 나오면서 가급적 넓은 보폭으로 왼발을 스텝선 중앙으로 내 디디며 무릎을 더욱 굽히고 체중을 왼발에 옮겨 실으며 슬라이딩하게 되는데 파울라인의 5cm정도 앞에서 머무는 것이 이상적이다. 팔은 풀 스윙 해준다. 팔꿈치가 귀에 스치도록 한다.

푸시 어웨이→다운스윙→백스윙→포워드 스윙의 동작이 리듬 있게 하나로 연결되는 스윙이 나와야 한다.

(2) 5 스텝

5스텝은 첫 스텝에서 볼을 전혀 움직이지 않고 왼발만 발 크기 정도의 보폭으로 스텝 한다. 그 다음 동작들은 4스텝과 동일하다. 5스텝을 하는 이유는 템포와 전방 운동량을 증가시키는데 도움을 주기 때문이다.

(3) 릴리스

  스윙 동작으로 발생한 볼의 스피드를 줄이지 않고 목표 지점을 향하여 볼을 놓아주는 동작을 릴리스(release)라 한다.

  릴리스 동작은 볼을 컨트롤 할 수 있는 마지막 동작으로 어떻게 조절하느냐에 따라서 볼의 방향, 볼의 회전 및 볼의 힘(파워)이 달라질 수 있다. 볼의 정확한 릴리스는 다음 세 가지 동작이 연쇄적으로 일어나는 것이다.

- 첫째-엄지손가락이 빠진다(백스윙에서 내려오면서 빠져야 한다)
- 둘째-손목은 커핑을 유지한다(손가락과 손목의 각도)
- 셋째-중. 약지 손가락이 빠진다(내가 걸어 주는 게 아니고 볼이 손가락에 걸리는 것이다).

① 타이밍(Timing) : 팔과 다리의 리듬이 맞아야 이상적인 릴리스 타이밍을 얻을 수 있다. 앞에서 언급했듯이 마지막 스텝이 슬라이딩 정지하는 순간에 손가락에서 볼이 떨어져 나가야 알맞은 릴리스 타이밍이라 할 수 있다.

② 위치 : 어깨의 수직점(기점)에서 릴리스가 이루어져야 한다.

③ 높이 : 최대한 무릎을 구부려 자세를 낮추어 낮은 곳에서 릴리스가 이루어져야 한다.

④ 방향과 회전 : 볼의 구질은 릴리스 할 때 볼이 어떤 방향으로 놓아지는 것과 손목의 형태에 따라 결정된다.

⑤ 손목의 형태 : 손목의 유형에 따라 볼의 구질이 변경될 수 있다.

(1) 굽은 손목: 강한 사이드 스핀과 회전을 유발시킬 수 있는 형태로 레인의 오일 양이 많은 경우 유리하다.

(2) 편 손목: 일반적으로 사용되는 유형으로 초보자나 중급 정도의 볼러는 이 유형을 완전히 터득한 후에 다른 손목 유형을 배우는 것이 좋다.

(3) 꺾인 손목: 스페어 처리할 때 유용하며 레인의 오일 양이 적은 경우에 유리하다. 어떤 자세를 취하든지 공이 릴리스 될 때까지는 손목의 유형이 처음과 같은 형태가 지속되어야 한다.

5) 보폭의 형태

보폭의 형태는 스텝에 따라 개인의 신체적인 특성에 따라 차이가 있으나 그림에서 보는 바와 같이 4스텝을 이용할 경우는 2보까지 짧은 보폭으로 하고 3~4보를 점차 크게 한다. 5스텝의 경우는 3보까지 짧게 하고 4스텝을 매우 짧게 5스텝을 길게 한다.

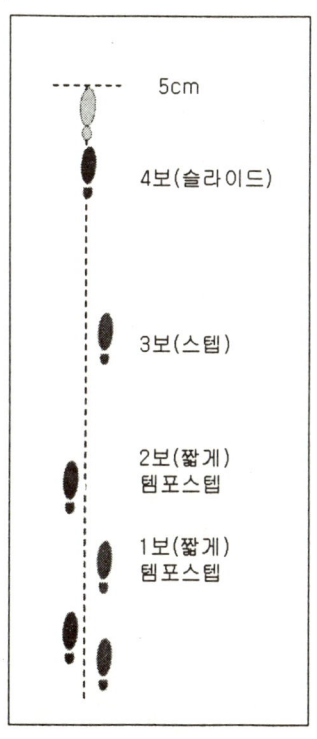 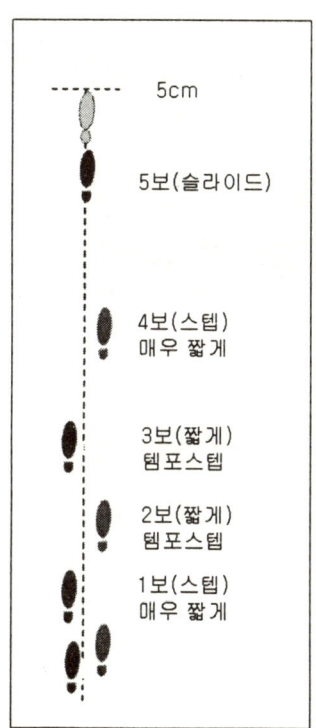

볼의 회전

> 볼링 경기는 볼이 어떠한 형태로 굴러가면서 회전하느냐에 따라서 핀을 넘어뜨리는 효과가 달라진다.

볼의 회전은 릴리스 순간에 엄지가 빠지면서 중지와 약지에서 얼마나 리프팅을 강하게 하느냐에 따라 볼의 회전수가 변화 될 것이다. 그리고 리프팅 할 때 중약지의 방향에 따라서 로테이션과 틸트의 형태도 변화 된다. 이로 인해 볼의 회전 방향과 부위도 달라진다.

볼이 구르는 형태는 볼 표면의 둘레에 생긴 자국(트랙)에 따라 회전방식은 크게 풀 롤러(Full Roller), 세미 롤러(Semi Roller), 스피너(Spinner)의 3가지 형태로 구분 된다.

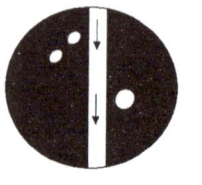
풀 롤러 트랙

세미 롤러 트랙

스피너 트랙

볼의 회전유형

풀 롤러 볼

세미롤러 볼

스피너 볼

1) 볼 잡는 법
볼을 잡는 것을 그립이라 하며 그 방법에는 3가지 종류가 있다.

(1) 컨벤셔널 그립
중지 약지의 제2관절까지 넣고 엄지를 끝까지 넣는 방법으로 초보자나 여성들에게 적합하다.

(2) 세미 핑거 그립
중지 약지의 제 1관절과 제 2관절 중간까지 넣어서 잡는 방법으로 숏훅을 구사하는데 유리하다.

(3) 핑거팁 그립
중지와 약지의 제 1관절까지만 넣어서 얕게 잡는 방법으로 릴리스 될 때 최고의 리프팅을 가져 올 수 있다. 단, 숙달되지 않은 초보자가 사용할 경우 볼을 손에서 떨어뜨리기 쉽고 컨트롤이 어렵다.

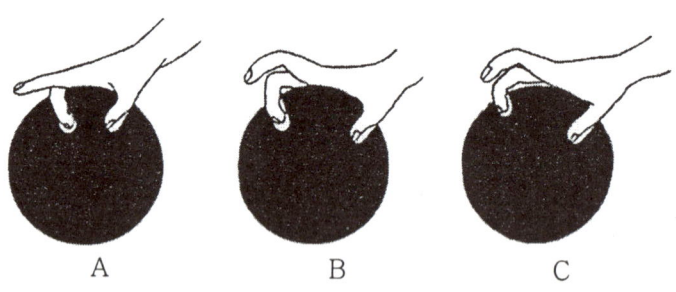

A: 컨벤셔널 그립   B: 세미 핑거 그립   C: 핑거팁 그립

지공

> 선택된 볼을 어떤 간격과 방향으로 구멍을 뚫을 것인가에 대해서는 일반적으로 손가락 형태에 따라 12가지 치수(드릴사이즈)에 의해 지공하게 된다.

* 브리지(bridge)
중지와 약지 사이의 간격으로 중, 약지의 형태에 따라 5~8mm정도이다.

* 스팬(span)
엄지와 중, 약지간의 거리로 스팬의 거리는 볼 잡는 법(컨벤셔널, 세미핑거, 핑거팁 그립)과 손바닥 크기에 의해서 결정된다.

1) 피치
볼링 볼에 적합한 손가락의 구멍을 뚫을 때 볼 중심부에 대한 구멍의 각도를 피치(pitch)라고 한다.

① 엄지피치(thumb pitch)
엄지에 대한 피치는 엄지손가락의 입사각이 볼 중심선을 향하여 0인 제로피치와 엄지의 앞(포워드 피치: forward pitch), 뒤(리버스 피치: reverse pitch), 좌(left pitch), 우(right pitch)의 방향에 따른 피치가 있다.
일반적으로 포워드 피치는 볼을 잡는 힘이 강하여 스팬이 짧은 사람에게 유리하다.

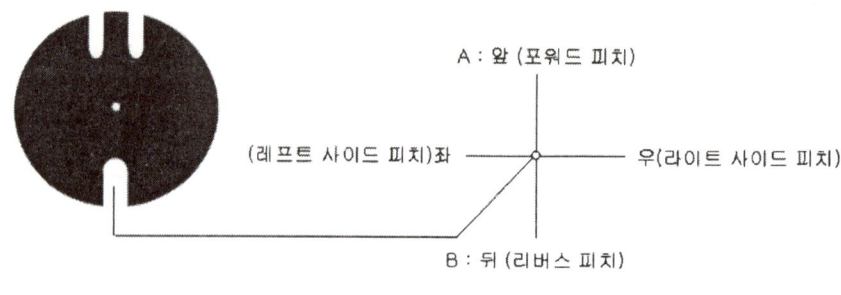

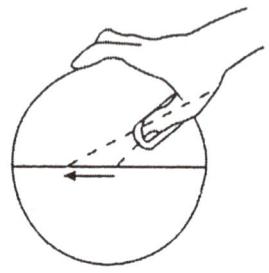
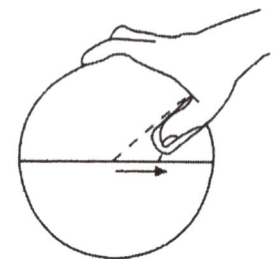

A : 포워드 피치의 실제   B : 리버스 피치의 실제

② 중지, 약지 피치(핑거피치: finger pitch)

* 제로 피치(zero pitch)

중지와 약지의 구멍이 볼 중심점을 향하여 입사각이 0인 상태로 컨벤셔널 구멍이라고 한다.

* 리버스 피치(reverse pitch)

구멍이 볼 중심점보다 아래쪽을 향하여 있어 리프팅을 감소시켜 회전력이 적어진다.

* 포워드 피치(forward pitch)

구멍이 볼 중심점보다 위쪽을 향하여 있어 리프팅을 증가시켜 회전력이 증가되어 무거운 회전을 만드는 반면에 변화가 심하여 프로나 숙련된 선수가 많이 사용한다.

제로 피치
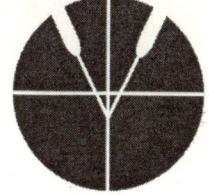
리버스 피치

포워드 피치

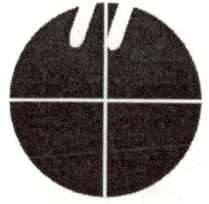
레프트 사이드 피치
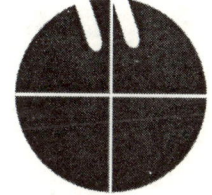
라이트 사이드 피치

* 레프트 사이드 피치(left side pitch)
중심선 왼쪽으로 기울어져 있는 상태로 구멍에서 손가락을 뺄 때 힘이 들고 손가락 부상도 가져올 수 있다.

* 라이트 사이드 피치(right side pitch)
중심선 오른쪽으로 기울어진 상태를 말하며 모든 손가락에 편리함을 주는 장점이 있다.

볼의 구조

> 볼링 장비 중에 볼이 차지하는 비중은 매우 크다. 레인이 가지고 있는 성질에 따라 볼의 성질을 맞춰나가야 한다.

또한, 개인의 특성과 볼 속에 있는 코어에 따라 지공방법이 달라진다. 볼링 볼의 내부는 중심부에 볼의 무게를 조정할 수 있는 물질(합성고무와 콜크 또는 비소)을 넣으며 무게 덩이인 웨이트 블록은 비교적 밀도가 높은 물질을 넣어 지공을 했을 때 생기는 무게 손실의 보충 작용을 하고, 볼의 외부는 탄력 있는 견고한 비금속성 합성물인 우레탄, 에폭시, 리-액티브, 플라스틱 등으로 만들어지는데 공인 볼은 72 듀로미터 이상의 강도를 가져야 한다.

볼의 내부 구조

1) 볼링 볼의 균형

볼의 지공 방법에 따라 무게차이가 생기는데 이것을 사이드 웨이트(side weight)라 한다. 이 차이가 클수록 볼에 많은 변화를 가져오기 때문에 무게 차이를 1온스(28.35g) 이하로 제한 한다.

  A. 플러스 지공 : 오른쪽 사이드 웨이트 지공
  - 강한 회전력을 가지며 왼쪽으로 휘는 현상

  B. 마이너스 지공 : 왼쪽 사이드 웨이트 지공
  - 구름이 늦으며 훅이 생기지 않는다.

  C. 덤웨이트 지공
  - 엄지가 일찍 빠지며 미끄럼이 빠르고 일찍 휘어진다.

  D. 핑거 웨이트 지공
  - 엄지가 늦게 빠지며 미끄럼이 늦고 레인 끝에서 휘어진다.

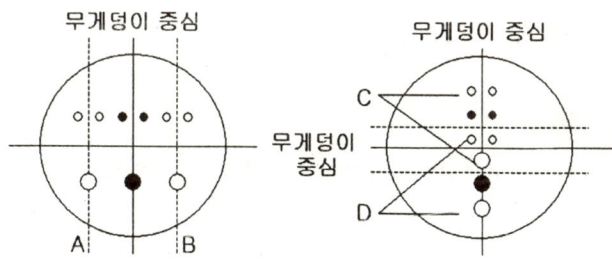

무게 덩이 지공에 따른 구질 반응

플러스 지공

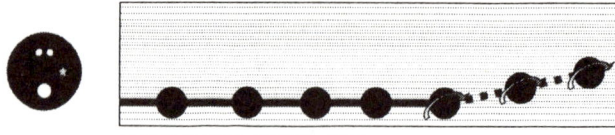

오른쪽사이드 웨이트 지공
강한 회전력을 가지며 오른쪽으로 휘는 현상

마이너스 웨이트 지공

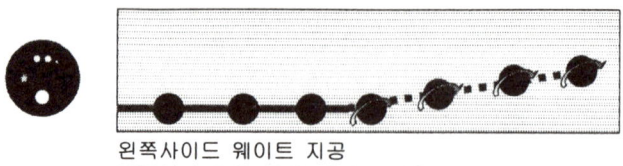

왼쪽사이드 웨이트 지공
구름이 늦으며 훅이 생기지 않음

덤 웨이트 지공

엄지가 일찍 빠지며 미끄럼이 빠르고 일찍 휘어짐

핑거 웨이트 지공

엄지가 늦게 빠지고 미끄럼이 늦으며 레인끝 쪽에서 휘어짐

팁 웨이트 지공

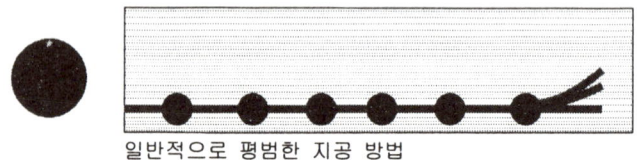

일반적으로 평범한 지공 방법

스트라이크의 원리

스트라이크는 굴러간 볼이 핀에 직접 닿는 것은 4개 핀이며 나머지는 다른 핀에 맞아서 쓰러지게 된다.

그러나 이런 원칙이 아니더라도 스트라이크가 되는 경우가 있다. 볼이 헤드핀(1번 핀)의 왼쪽이나 오른쪽을 강타하더라도 요행히 도미노 현상처럼 핀이 넘어져서 스트라이크가 되는 수도 있다.

A : 완벽한 스트라이크 존
B : 두꺼운 스트라이크 존
C : 얇은 스트라이크 존

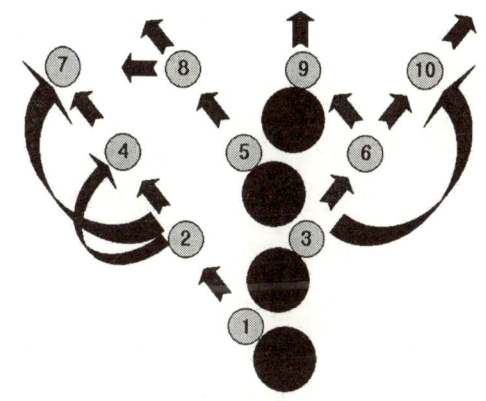

스트라이크의 원리

실전에서 점수를 올려가기 위해서는 레인컨디션에 맞춰서 릴리스 포인트나 목표를 바꿔가지 않으면 안 된다. 그러기 위해서는 스트라이크의 중요한 기초가 되는 3·1·2이론과 3·4·5이론을 알아야 한다.

(1) 3 · 1 · 2 이론

> 3·1·2이론은 스트라이크 포켓인 17쪽을 벗어나는 볼의 위치를 수정하기 위하여 에임 스폿으로 고정시킨 상태에서 레인의 길이비율을 응용하여 만든 공식이다.

레인의 길이 비율은 그림과 같은 형태로 크게 3등분 할 수 있다. 1번 핀에서 스탠스 스폿까지의 총길이 75피트를 1번 핀에서 에임스폿까지가 45피트, 에임스폿에서 파울라인까지 15피트, 에임스폿에서 스탠스 스폿까지 30피트로 나누어 볼 수 있다.

이것을 정리하여 공통수인 15로 나누어보면
- 1번 핀에서 에임스폿까지 45피트÷15=3(수정할 나무판 수)
- 에임스폿에서 파울라인까지 15피트÷15=1(파울라인 쪽 위치 수정)
- 에임스폿에서 스탠스 스폿까지 30피트÷15=2(스탠스 위치 수정)

예를 들어, 투구한 볼이 1번 핀 정중앙(20쪽)으로 진입을 했을 때 스트라이크 포켓을 찾는 방법.
⇒ 스트라이크 포켓(1번 핀과 3번 핀 사이인 17쪽)으로부터 3쪽을 수정해야 한다(3 : 1 : 2 = 3 : 1×3/3 : 2×3/3) 즉, 스폿 고정시키고 파울라인은 1쪽 좌측 이동시키고, 스탠스 스폿는 2쪽 좌측 이동시키는 결과가 나온다(4쪽 이상 수정할 경우에는 사용하지 않는다)

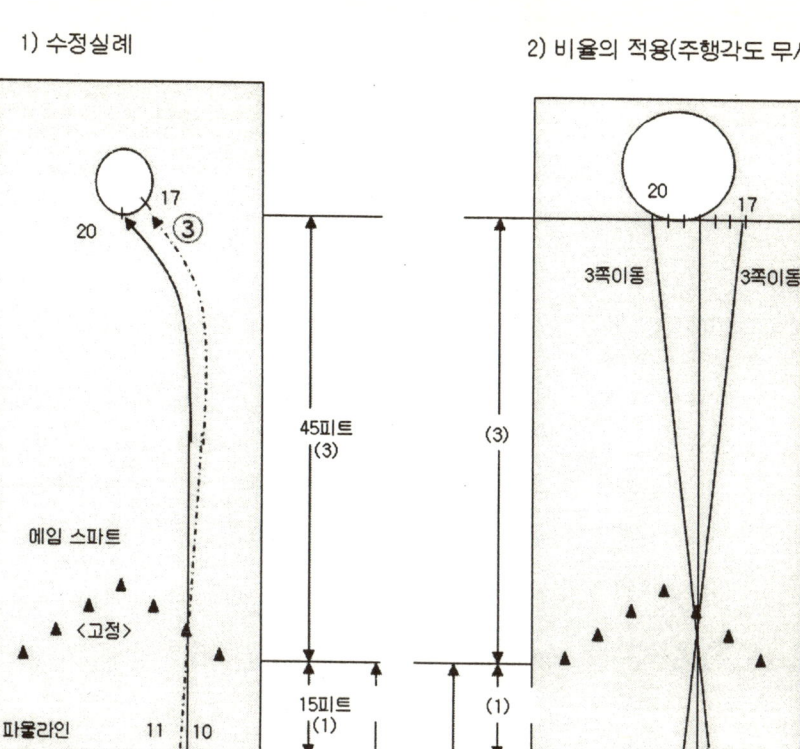

3 · 1 · 2 이론

(2) 3 · 4 · 5 이론

> 3·4·5이론은 스트라이크 포켓인 17쪽 나무판을 기준 목표점으로 고정시킨 상태에서 레인을 크게 5등분한 비율에 따라 주행 각도의 크기를 조절할 수 있는 공식이다.

1번 핀에서 스탠스 스폿까지의 총길이 75피트를 1번 핀에서 에임스폿까지가 45피트, 1번 핀에서 파울라인까지 60피트, 1번 핀에서 스탠스 스폿까지 75피트로 나누어 볼 수 있다. 이것을 정리하여 공통수인 15로 나누어보면

- 1번 핀에서 에임스폿까지 45피트÷15=3(수정할 나무판 수)
- 1번 핀에서 파울라인까지 60피트÷15=4(파울라인 쪽 위치 수정)
- 1번 핀에서 스탠스 스폿까지 75피트÷15=5(스탠스 위치 수정)

이 이론을 적용할 수 있는 시기는 다음 3가지로 생각해볼 수 있다.

첫째, 레인이 건조한 상태로 파울라인의 나무판을 4쪽 이상 이동시켜야 할 때. 둘째, 스트라이크 포켓에 볼이 진입해도 강하거나 약해서 5번, 10번 핀이 남게 되어 주행각도를 수정해야 할 때. 셋째, 볼이 지나가는 자리에 기름이 없어 그곳을 피해 앵글을 수정에야 할 때이다. 예를 들어, 10쪽 나무판을 사용하다가 주행각도를 작게 하려고 스폿을 좌측으로 3쪽 이동하려 한다(3 : 4 : 5 = 3 : 4×3/3 : 5×3/3)

즉, 스폿을 3쪽 좌측 이동하면 파울라인은 4쪽, 스탠스 스폿은 5쪽을 좌측으로 이동시키는 결과가 나온다(주행각도를 크게 하려면 오른쪽으로 이동 시킨다)

1) 수정실례

2) 비율의 적용(주행각도 무시)

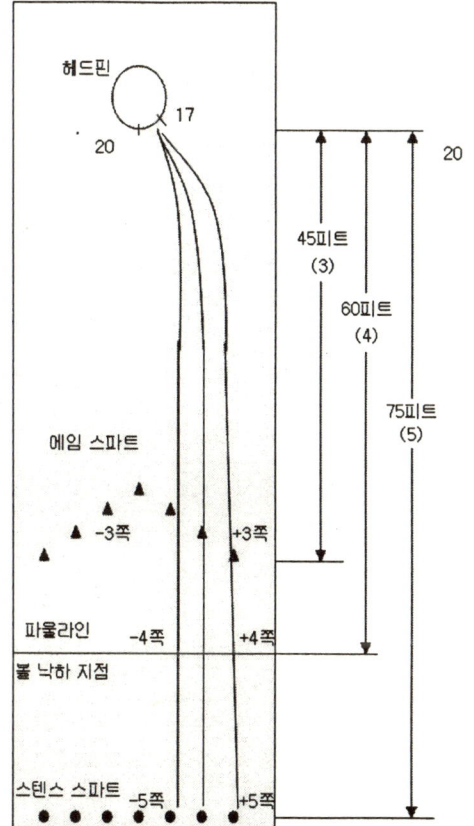
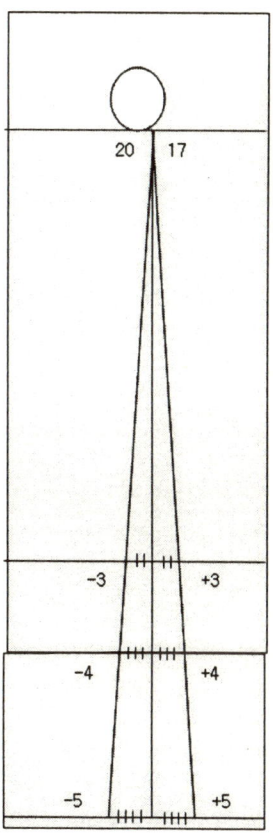

3 · 4 · 5 이론

제4장 볼링에 대한 이해 | 49

스페어의 비결

> 스트라이크를 아무리 많이 만들어도 스페어 미스가 있으면 높은 점수를 기록할 수 없다.
> 한 게임에서 한 번도 스트라이크를 만들지 못하더라도 190점은 유지될 수 있지만 남은 핀을 처리하지 못한다면 점수는 10점 단위로 내려가게 되어 있다. 그러므로 스페어의 중요성은 아무리 강조해도 지나치지 않다.

(1) 핀이 남을 수 있는 기본 형태-1,023개

1번 핀 존, 2번 핀 존, 3번 핀 존, 4번 핀 존, 6번 핀 존, 7번 핀 존, 10번 핀 존인데 이것을 7개의 기본 스페어라고 한다.

- 5번 핀에 의해 만들어지는 스페어의 종류는 252개로 가장 많다.
- 4번, 6번 핀에 의해 각 210개.
- 3번, 7번 핀에 의해 각 120개.
- 2번, 8번 핀에 의해 각 45개.
- 1번, 9번 핀에 의해 각 10개.
- 10번 핀에 의해 1개가 만들어진다.

(2) 기본 스페어 앵글

스페어 종류가 많다고 해서 위축된 마음을 가질 필요는 없다. 개 기본형의 남은 처리 방법만 정확히 익힌다면, 어떤 유형의 나머지 핀도 능히 처리할 수 있기 때문이다. 먼저 7가지 기본 스페어의 근원이 되는 우측 볼러의 예를 들어 3가지 기본 스페어 앵글을 알아보자.

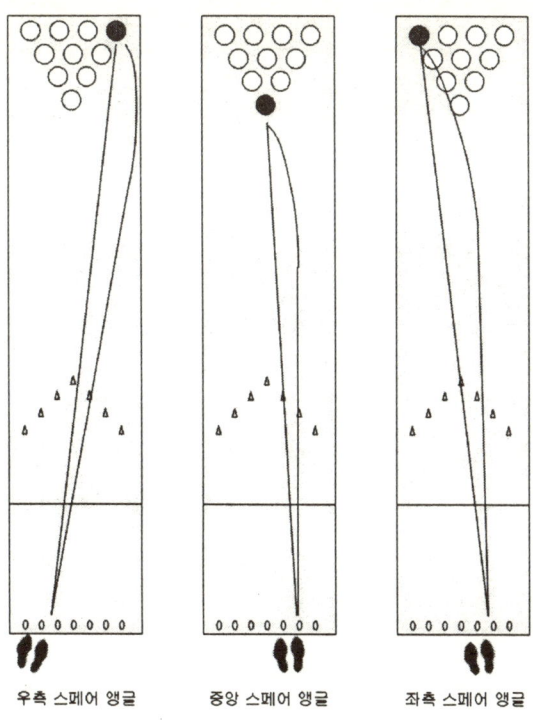

|우측 스페어 앵글|중앙 스페어 앵글|좌측 스페어 앵글|

3가지 기본 스페어 앵글

(3) 스페어 존의 유형

  스페어존의 유형에는 정면 스페어 존과 기본 스페어 존이 있다. 정면 스페어 존이란 볼이 핀 정중앙으로 들어가는 것을 의미하고 기본 스페어 존이라고 한 것은 스트라이크 때처럼 볼이 우측에서 주행각도를 이루고 들어가는 것을 말한다. 이것은 2개 이상의 핀이 남았을 때 응용할 수 있다.

정면 스페어 존   기본 스페어 존

2) 3·6·9 이론

> 이 이론은 3:1:2이론을 약간 응용한 이론이다. 레인의 길이 비율로 볼 때 스탠스에서 스폿까지 2, 스폿에서 1번 핀까지의 3의 비율로 되어 있다.
> 다시 말해서 3:2의 비율이라는 뜻으로 스폿을 고정시키고 핀데크에서 3쪽을 이동시키려면 스탠스에서는 2쪽을 이동시켜야 한다는 이론이다.

실제로는 에임 스폿의 위치(1~4번까지)가 차이가 있고 핀의 위치도 차이가 있기 때문에 이들을 감안하여 스폿을 중심으로 핀데크를 중심으로 핀데크와 스탠스를 2:1의 비율로 계산하여 이 이론을 정립하고 있다.

❶ 핀의 위치

1번, 5번 핀은 20쪽/ 3번, 9번 핀은 14.5쪽/ 6번 핀은 9쪽/ 10번 핀은 3.5쪽에 좌측의 2번, 8번 핀은 -14.5쪽/ 4번 핀은 -9쪽/ 7번 핀은 -3.5에 위치한다.

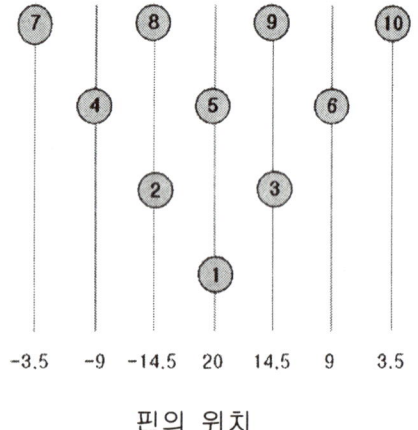

핀의 위치

핀과 핀 사이의 거리는 나무판 5.5쪽의 차이가 있다. 그러므로 2:1의 비율인 3(2.75)쪽을 이동시켜서 투구하면 된다. 반올림을 해주는 이유는 핀 배열이 정사각형으로 되어 있어 1번 핀과 10번 핀의 길이 차이가 있기 때문이다.

1번 핀을 잡는 위치를 기준으로 하여 3번 핀을 잡으려면 그사이의 나무판 5.5를 기준으로 좌측으로 3쪽을 이동해 주면 된다. 2, 4, 7번 핀의 경우 우측으로 이동해 주면 된다.

3.6.9 시스템 활용표

스페어 존	어프로치 스탠스 위치
10번 핀 존	10번 핀 존 스탠스(우측 앵글 기준점)
정면 10번 핀 존	10번 핀에서 1 1/2 쪽 우측 이동
6번 핀 존	10번 핀에서 3쪽 우측 이동
정면 6번 핀 존	10번 핀에서 4 1/2 쪽 우측 이동
3, 9번 핀 존	10번 핀에서 6쪽 우측 이동
정면 3, 9번 핀 존	10번 핀에서 7 1/2 쪽 우측 이동
1, 5번 핀 존	스트라이크 스탠스(좌측 중앙 앵글 기준점)
정면 1, 5번 핀 존	스트라이크 스탠스에서 1 1/2 쪽 우측 이동
2, 8번 핀 존	스트라이크 스탠스에서 3쪽 우측 이동
정면 2, 8번 핀 존	스트라이크 스탠스에서 4 1/2 쪽 우측 이동
4번 핀 존	스트라이크 스탠스에서 6쪽 우측 이동
정면 4번 핀 존	스트라이크 스탠스에서 7 1/2 쪽 우측 이동
7번 핀 존	스트라이크 스탠스에서 9쪽 우측 이동
정면 7번 핀 존	스트라이크 스탠스에서 10 1/2 쪽 우측 이동

3) 2 · 4 · 6 이론

> 이 이론은 볼을 들고 서 있는 스탠스의 위치를 기준으로 에임 스폿을 이동시켜서 처리하는 이론이다.

이 방식은 두 가지 경우의 스탠스 위치를 기준으로 한다. 레인 중앙과 좌측에 남이 있는 핀을 스페어 처리할 때는 스트라이크를 칠 때 스탠스 위치를 기준으로 하고 우측의 남아 있는 핀을 스페어 처리할 때는 10번 핀 존을 처리할 때의 스탠스 위치를 기준으로 한다.

2.4.6 시스템 활용표

스페어 존	어프로치 스폿 위치
10번 핀 존	10번 핀 존 스폿(우측 앵글 기준점)
정면 10번 핀 존	10번 핀 존 스폿에서 1쪽 좌측 이동
6번 핀 존	10번 핀 존 스폿에서 2쪽 좌측 이동
정면 6번 핀 존	10번 핀 존 스폿에서 3쪽 좌측 이동
3, 9번 핀 존	10번 핀 존 스폿에서 4쪽 좌측 이동
정면 3, 9번 핀 존	10번 핀 존 스폿에서 5쪽 좌측 이동
1, 5번 핀 존	스트라이크 스폿(좌측 중앙 앵글 기준점)
정면 1, 5번 핀 존	스트라이크 스폿에서 1쪽 좌측 이동
2, 8번 핀 존	스트라이크 스폿에서 2쪽 좌측 이동
정면 2, 8번 핀 존	스트라이크 스폿에서 3쪽 좌측 이동
4번 핀 존	스트라이크 스폿에서 4쪽 좌측 이동
정면 4번 핀 존	스트라이크 스폿에서 5쪽 좌측 이동
7번 핀 존	스트라이크 스폿에서 6쪽 좌측 이동
정면 7번 핀 존	스트라이크 스폿에서 7쪽 좌측 이동

4) 스페어 처리를 위한 세 가지 원칙

(1) 키 핀(key pin)을 노려라.
스페어를 처리하기 위해서는 제일 앞쪽의 핀을 먼저 노려야 한다. 이른바 키 핀이다. 키 핀을 쓰러뜨리지 않고는 스페어를 처리할 수 없다.

(2) 핀 액션을 계산해라.
두개 이상의 핀이 남았다면 처리하는 방법을 두 가지로 생각할 수 있다. 키 핀을 쓰러뜨리면 쓰러지는 키 핀이 다른 핀을 쓰러뜨리는 핀 액션 방법과 볼이 키핀을 쓰러뜨린 후 다시 다른 핀을 쓰러뜨리게 하는 방법이다. 그러나 볼로 모든 핀을 쓰러뜨리는 데는 한계가 있기 때문에 핀 액션을 계산해야 한다.

(3) 가능하면 볼로 처리해라.
가능한 범위 내에서 볼로 스페어를 처리하려는 자세가 바람직하다.

제5장 레인의 상태

정비된 레인의 유형에 따라 다양한 기술의 변화가 요구된다. 레인 상태를 파악할 수 있는 기술은 많은 경험과 숙달된 감각으로부터 얻어질 수 있다.

정비 형태와 경기방법

레인 표면의 명칭

1) 이븐정비(플랫정비)

(1) 정비형태: 왼쪽거터에서 오른쪽 거터인 레인의 전체 폭에 길이 35~45 피트까지 오일이 균등하게 도포되어 있는 정비.

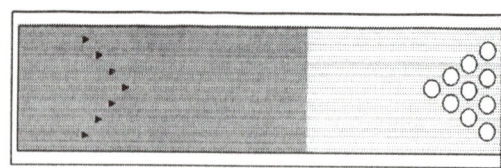

(2) 경기방법: 정비를 한 뒤 시간이 지날수록 볼링장의 온도나 습도에 따라 오일이 증발하면서 오일이 적을 수도 있다. 또한, 게임이 진행되면서 여러 사람이 쓰거나 자기가 쓰고 있는 라인에 오일이 볼에 묻어 나와 그 자리가 오일양이 얇아져서 볼이 많이 휘어질 수 있다.

그 때에는 모든 사람이 쓰지 않는 라인이나 오일이 있는 곳으로 옮기면서 투구하는 것이 좋다.

2) 블랜드 정비

(1) 정비형태: 레인 중앙에 오일이 두껍게 도포되어 있고 10번 보드 바깥쪽으로 가면서 오일이 단계적으로 얇아지는 정비.

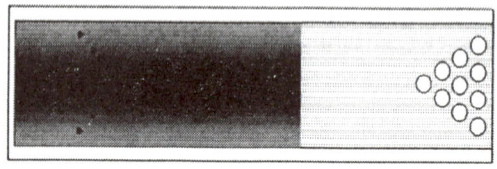

(2) 경기방법: 레인의 중앙부에 오일 양에 따라 안에서 바깥쪽(오일 양이 적은 곳)을 이용하여 공략하는 것이 효과적이다.

다만, 중앙부의 오일 양이 과도할 경우는 오일이 많은 지역을 피하여 레인의 우측을 이용하는 것이 효과적이다.

3) 블록 정비

(1) 정비형태: 레인 중앙에 오일이 두껍게 도포되어 있으면서 10보드 바깥쪽에는 오일이 도포되어 있지 않은 상태.

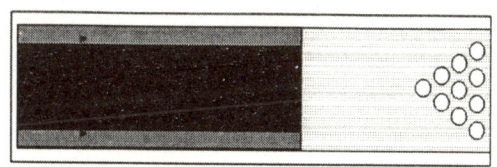

(2) 경기방법: 레인의 중앙부위를 이용하여 오일이 없는 바깥쪽을 이용하여 경기하는 것이 효과적이다.

단, 중앙에 오일이 과도할 경우에는 반대로 바깥쪽(드라이)을 이용하여 파인즈의 기름을 이용하여 경기 하는 것도 효과적이다.

4) 리버스 블록 정비(=역블록 정비)

(1) 정비형태: 10번 보드 바깥쪽에는 오일이 두껍게 도포되어 있지만 레인 중앙에는 오일이 얇게 도포되어 있는 정비.

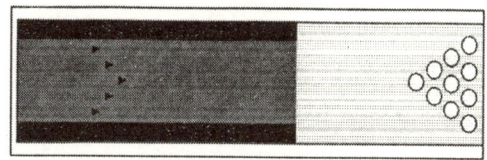

(2) 경기방법: 바깥쪽 오일 부분을 피하여 3번, 4번 스폿을 이용하여 경기
하면 효과적이다.

단, 2번 바깥쪽으로 볼을 투구하면 오일 양이 많아 볼이 밀려 나가는 현
상이 일어나 이곳은 피하여 경기하는 것이 좋다.

4) 크리스마스 트리 정비

(1) 정비형태: 블랜드와 비슷하지만 레인 중앙의 오일의 폭이 좁고 길이가
다양한 정비.

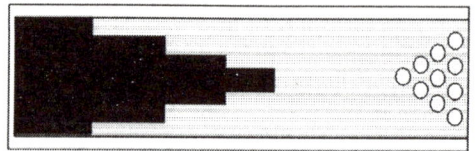

(2) 경기방법: 볼러들이 가장 선호하는 정비 형태로 많은 점수를 만들어
내기에 최적의 컨디션이다. 어떤 종류의 앵글도 가능하며 롱 훅 및 스
트레이트 구질의 볼러 들에게 좋다.

> * 볼링 볼은 가능한 한 마찰이 적은 쪽의 레인 위로 구르려는 경
> 향이 있으므로 오일이 많이 있거나 없는 곳보다 적당히 있는 곳을
> 이용하여 라인(앵글)을 선택하는 것이 높은 점수를 내기위해 도움이
> 된다.

레인 상태 파악

> 경기에 앞서 레인 상태를 얼마나 빨리 파악할 수 있느냐 하는 문제는 고득점을 내고 승패의 핵심과도 같은 것이다.

제1구는 스페어 연습(7번 또는 10번 핀)을 위한 투구를 하고 제2구는 스트라이크 포켓을 찾는 데 목적이 있다. 먼저, 제1구로 7번 핀 또는 10번 핀 처리를 위해 투구했을 경우 볼이 어떤 형태로 각을 형성하였는가에 따라 레인상태를 짐작할 수 있다.

1) 7번 처리를 위한 볼이 7번 핀의 오른쪽으로, 10번 핀 처리를 위한 볼은 10번 핀의 왼쪽으로 갔을 때 : 레인의 중안 부위에 기름이 있는 볼록 정비 형태임.

2) 7번 핀 및 10번 핀 처리를 위한 볼이 모두 좌측 및 우측 거터로 빠졌을 경우 : 역 블록 정비 형태임.

3) 7번 핀 처리를 위한 볼은 7번 핀의 오른쪽으로, 10번 핀 처리를 위한 볼은 오른쪽 거터로 빠졌을 경우 : 45피트 이상 55피트 지역에 기름이 흩어져 있음.

4) 7번 핀 처리를 위한 볼은 좌측 거터로 빠지고, 10번 처리를 위한 볼도 10번 핀의 좌측으로 갈 경우 : 레인 전체가 건조된 상태.

앵글의 선택

> 볼이 굴러가는 궤도를 앵글(angle)이라 한다. 앵글의 형태는 레인 상태에 따라 달라질 수 있는데 크게 4가지의 기본 유형으로 나뉜다.

앵글의 선택은 레인 위의 오일이 분사되어 있는 양, 분사형태 증발정도와 볼의 강도 등을 고려하여 기본적인 코스를 선정한다.

1) A는 가장 기본적인 앵글 형태로 숏 훅을 구사하는 볼러에게 적합하며 일반적인 레인상태에서 보편적으로 쓰인다.

2) B는 주행각도가 크게 형성되는 롱훅 볼러가 사용하는 형태로 레인 위에 기름양이 많을 때라 볼의 강도가 높을 때 이용된다.

3) C는 레인 위의 기름이 비교적 마른 상태이거나 2번 스폿 사용자가 많아 앵글의 형태가 변화하는 것을 대비하여 볼의 강도는 약한 것을 사용하여 이용하면 된다.

4) D는 레인 위의 기름 량이 거의 없는 상태로 볼의 강도가 아주 낮은 것을 이용하는 방법이다.

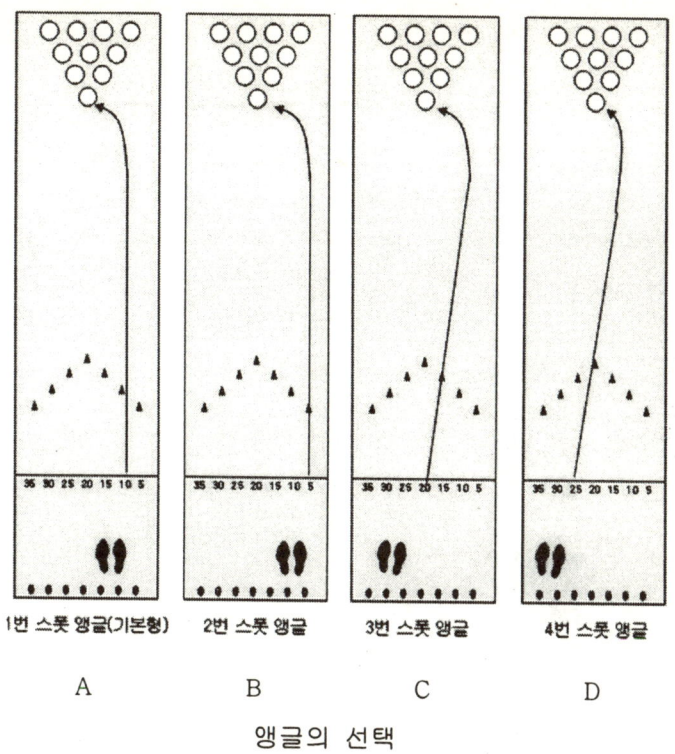

| A | B | C | D |

앵글의 선택

흔히 발생하는 스페어

○표는 3·6·9 시스템을 활용한 스탠스 이동방법
△표는 2·4·6 시스템을 활용한 스팟 이동방법

1) 스트라이크 스탠스와 스팟을 기준하는 중앙 또는 좌측 앵글을 활용

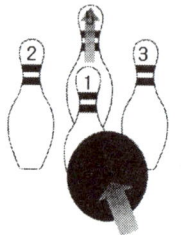

1-2-3-5
○ 1쪽 우측 이동
△ $^1/_2$ 쪽 좌측 이동

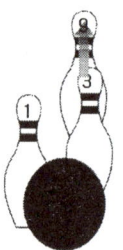

1-3-9
○ 스트라이크 스탠스
○ 스트라이크 스팟

1-2-5
○ 1 ~ $1^1/_2$ 쪽 우측이동
△ 1 ~ $^1/_2$ 쪽 좌측이동

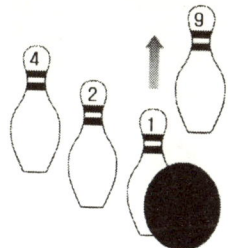

1-2-4-9
○ 스트라이크 스탠스
△ 스트라이크 스팟

1-3-6
○ 스트라이크 스탠스
△ 스트라이크 스팟

1-3-7
○ 스트라이크 스탠스
△ 스트라이크 스팟

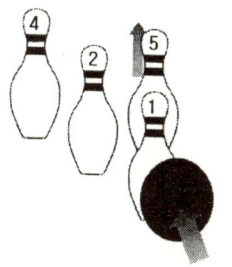

1-2-4-5
○ 스트라이크 스탠스
△ 스트라이크 스팟

2-4-5-8
○ 4 ~ 4 $\frac{1}{2}$ 쪽 우측이동
△ 2 ~ 2 $\frac{1}{2}$ 쪽 좌측이동

2-4-8
○ 4 $\frac{1}{2}$ 쪽 우측이동
△ 2 $\frac{1}{2}$ 쪽 좌측이동

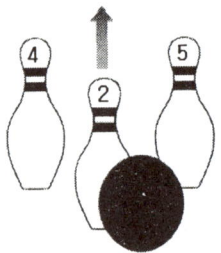

2-4-5
○ 3쪽 우측이동
△ 2쪽 좌측이동

1-2-7-8
○ 3쪽 우측이동
△ 2쪽 좌측이동

1-2-4-10
○ 3쪽 우측이동
△ 2쪽 좌측이동

1-2-3-10
○ 3쪽 우측이동
△ 2쪽 좌측이동

1-2-4
○ 3쪽 우측이동
△ 2쪽 좌측이동

1-2-4-8
○ 3쪽 우측이동
△ 2쪽 좌측이동

1-2-7
○ 4 ~ 4¹/₂ 쪽 우측이동
△ 3쪽 좌측이동

1-4-7
○ 4 ~ 4¹/₂ 쪽 우측이동
△ 3쪽 좌측이동

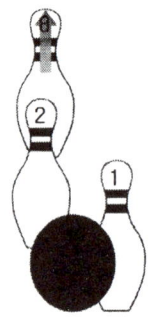

1-2-8
○ 3쪽 우측이동
△ 2쪽 좌측이동

1-2-4-7
○ 4 ~ 4¹/₂ 우측이동
△ 3쪽 좌측이동

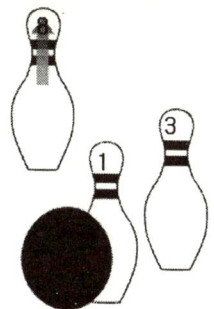

1-3-8
○ 3쪽 우측이동
△ 2쪽 좌측이동

2-4-8
○ 6쪽 우측이동
△ 4쪽 좌측이동

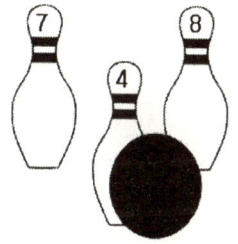

4-7-8
○ 6쪽 우측이동
△ 4측 좌측이동

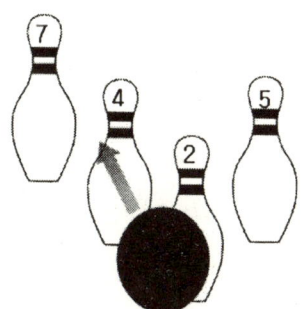

2-4-5-7
○ 6쪽 우측이동
△ 4쪽 좌측이동

7
○ 8 ~ 9쪽 우측이동
△ 5¹/₂ ~ 6 좌측이동

2) 2번 스팟을 활용한 10맨핀 스탠스와 스팟을 기준한 우측 앵글을 사용한다.

10
○ 10번핀 존 스탠스
   (스트라이크 스탠스 기준 17.5쪽 좌측)
△ 10번핀 존 스팟
   (3번스팟 기준으로 스탠스 고정)

6-10
○ 3쪽 우측이동
△ 2쪽 좌측이동

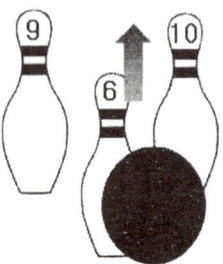

6-9-10
○ 3쪽 우측이동
△ 2쪽 좌측이동

3-5-6
○ 6쪽 우측이동
△ 4쪽 우측이동

3-5-6-9
○ 7 ~ 7¹/₂ 쪽 우측이동
△ 4¹/₂ 쪽 우측이동

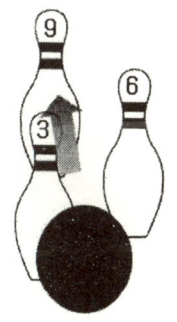

3-6-9
○ 7 ~ 7¹/₂ 쪽 우측이동
△ 4¹/₂ 좌측이동

3-5-6-10
○ 6쪽 우측이동
△ 4쪽 좌측이동

1-3-10
○ 6쪽 우측이동
△ 4쪽 좌측이동

1-6-10
○ 7 ~ 7¹/₂ 쪽 우측이동
△ 4¹/₂ 쪽 좌측이동

흔히 발생하는 스플릿(Split)

스플릿 처리는 주로 3·6·9 시스템을 활용하는 것이 유리하다.

1) 10번핀 존 기준하여

5-7
7~7¹/²쪽 우측이동

5-7-9

7~7$^{1/2}$쪽 우측이동

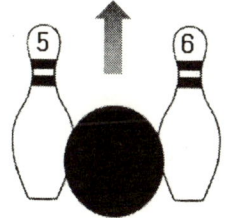

5-6

7~7$^{1/2}$쪽 우측이동

5-6-9

7~7$^{1/2}$쪽 우측이동

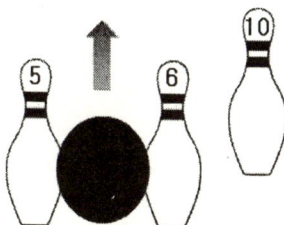

5-6-10

7~7$^{1/2}$쪽 우측이동

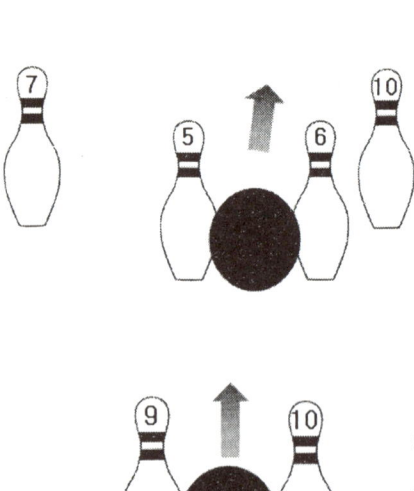

5-6-7-10

7~7¹/²쪽 우측이동

9-10

4¹/²쪽 우측이동

7-9-10

4¹/²쪽 우측이동

3-6-7-8-10

4쪽 우측이동

3-6-7-10

4¹/²쪽 우측이동

6-8-10

1¹/²쪽 우측이동

6-7-8-10

1¹/²쪽 우측이동

  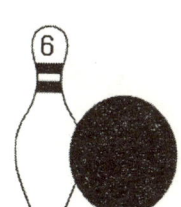

6-7-8

1¹/²쪽 우측이동

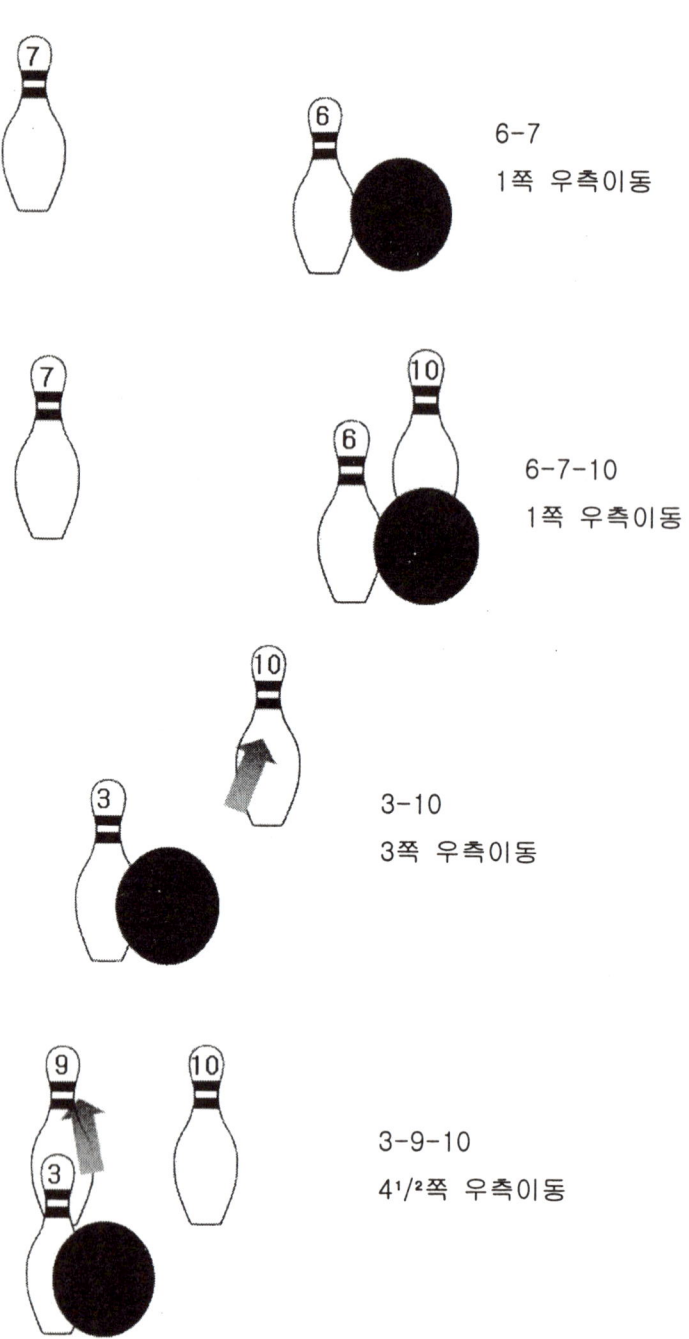

2) 스트라이크 스탠드를 기준했을 경우

5-10

4¹/²쪽 우측이동

5-8-10

4¹/²쪽 우측이동

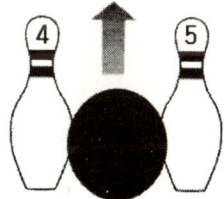

4-5

4¹/²쪽 우측이동

4-5-8

4¹/²쪽 우측이동

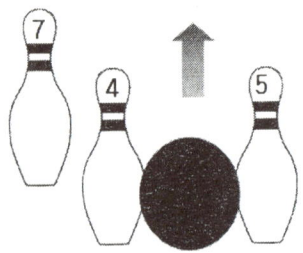

4-5-7

4¹/²쪽 우측이동

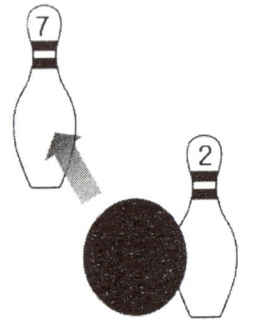

2-7

7¹/²쪽 우측이동

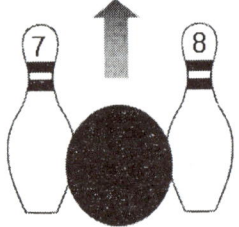

7-8

7¹/²쪽 우측이동

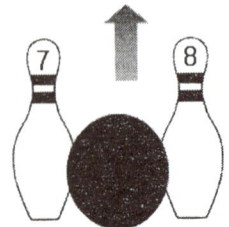 

7-8-10

7¹/²쪽 우측이동

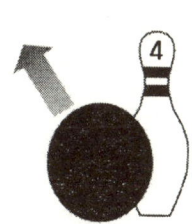  4-9
7쪽 우측이동

  4-7-9
7쪽 우측이동

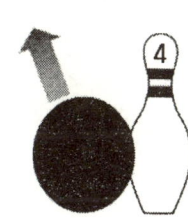   4-9-10
7쪽 우측이동

   4-7-9-10
7쪽 우측이동

4-10
7¹/²쪽 우측이동

4-7-10
7¹/²쪽 우측이동

제6장 볼링의 특징 및 역사

볼링의 특징

> 볼링은 단단한 목재(우드 · 패스파인더)레인에 세워진 10개의 핀을 일정한 거리를 두고 볼을 굴러 쓰러뜨리는 것을 목적으로 한 실내 스포츠이다.

1) 간편한 스포츠

볼링을 위한 장비와 복장은 간편하다. 계획을 따로 세울 필요가 없고, 장비 또한 별도로 갖추어야 한다든지, 복장에 관심을 가져야 한다든지 하는 점에 신경을 쓸 필요가 없다. 볼링장에는 볼과 슈즈가 준비되어 있기 때문에 평소에 입던 복장 그대로 맨손으로 가서 마음껏 즐기면 된다. 날씨, 시간에 구애됨이 없이 편리한 때에 이용할 수 있다.

2) 스트레스 해소

현대인은 급변하는 사회 속에서 사회현상의 하나로 각종의 스트레스 홍수에 쌓여있다.

이러한 스트레스의 해소를 위하여 볼링만큼 도움이 되는 스포츠는 혼하지가 않다. 왠지 모르게 기분이 좋지 않을 때, 갈피를 잡지 못하여 방황을 하고 있을 때 등, 볼링장을 찾아가 핀을 넘어뜨리는 데에 열중하다 보면, 자기도 모르는 사이에 스트레스는 말끔히 사라져 경쾌한 기분으로 전환되는 것은 틀림없는 사실이다. 특히 도시인에게 오락을 겸한 스포츠로서 볼링은 정신피로와 권태감 해소에도 적격이다.

3) 운동부족의 해결
볼의 무게를 이용한 투구동작은 적당한 전신운동이 되므로 평소 운동부족의 해결에도 도움이 된다.

볼링을 3게임 실시했을 때 소모되는 칼로리의 방출 량은 약 500칼로리 정도로 테니스 20분, 사이클링 27분, 골프 18분, 조깅 15분, 야구 44분에 해당하는 운동 효과가 있다. 여가 선용을 즐기면서 게임을 거듭하는 동안에 자연히 체력도 좋아져, 건강에 자신감을 가질 수가 있다.

4) 자기개발
신체적인 기능과 자기감정의 적절한 통제의 조화 속에서 좋은 기록이 나오기 때문에 볼링은 자기 자신과의 싸움이다. 그리고 여러 사람이 좌 우 인접 레인에서 순서대로 볼을 투구하므로 자기의 성질과 마음대로 먼저 투구하고 싶다고 하여 진행되는 것이 아니다. 따라서 자기 자신의 통제는 물론 인접 사람과의 보이지 않는 약속 하에서 철저하게 자신이 개발되어지는 것이다.

5) 힘보다는 기량의 필요

　볼링에는 힘이 그다지 중요하지 않다. 힘이 있고 없고는 볼링을 잘하고 못하는 데에는 별 문제가 되지 않으며 필요한 것은 정확하게 핀을 맞히는 테크닉이다.

　체력이 강한 사람이 전력을 다하여 볼을 던졌다 할지라도 가장 가까이 있는 헤드 핀을 맞히지 못하는 한 절대로 스트라이크가 나오지 않는다. 체력이 약한 여성이나 노인이 겨우 던진 경우라 해도 스트라이크 존으로 볼이 들어가면 열 개의 핀이 모두 넘어질 수가 있다.

　다른 스포츠에서는 일반적으로 체력이 강한 남성이 잘한다고 할 수 있지만 볼링에 한해서는 그렇지 않아 여성이나 노인이나 어린이나 불리한 조건 없이 당당히 비슷한 역량으로 게임의 승부를 겨룰 수가 있으며 기량만 훌륭하면 체력이 강한 사람을 간단히 이길 수도 있다.

볼링의 역사

> 볼링은 매우 현대적인 경기여서 그 역사가 비교적 짧을 것이라고 생각하기 쉽지만 현존하는 가장 오랜 역사를 갖고 있는 스포츠 중에 하나다.

BC 7000년 전의 이집트 고분에서 나무로 된 볼과 핀이 발견되었다. 어떤 방식으로 경기가 행해졌는지에 대한 기록은 없지만 이 볼과 핀이 볼링의 기원으로 간주되고 있다. 역사상으로는 13-14세기 경 중세 유럽에서 처음 볼링이 등장하였다. 그러나 중세의 볼링은 현재와 같이 게임을 즐기는 것이 아니라 종교상의 의식이나 점을 치는데 이용되었다.

1) 케겔(Kegel) 넘어뜨리기

독일의 교회에서 성행하는 종교적 의식으로서, 케겔(막대기)을 악마로 간주하여 복도 구석에 세워 놓고, 일정한 거리에서 둥근 물체를 굴려 케겔을 넘어뜨리는 것으로써, 케겔이 잘 넘어지면 신앙심이 두텁고, 잘 넘어뜨리지 못하면 신앙심이 부족하다고 여겼으므로 단순한 놀이가 아니라 자신의 운명을 점치는 신중한 의식으로 받아들였었다. 그러나 케겔 넘어뜨리기가 재미가 있어서, 점차 신앙심과는 관계가 없이 취미로 즐기게 되었고, 흥미본위의 놀이로 되어 교회 밖으로 나와 널리 보급 되었다. 한편, 볼링을 하는 사람(Bowler)을 '케구'라고도 하는데, 이는 케겔에서 파생된 독일어의 흔적이다.

2) 9핀 볼링

1571년 마르틴 루터(Luther, M, 1483-1546)의 종교개혁 이후에 케겔 넘어뜨리기는 옥외에서 성행하게 되었는데, 루터 자신도 볼링을 무척 즐겼으며, 현대의 10핀 볼링의 모체가 된 9핀 게임은 루터가 발명한 것이다.

당시 여러 가지 형태로 행해지던 볼링을 루터는 핀 수를 9개로 정하고 다이아몬드 형으로 세우도록 하는 등 여러 가지 규칙을 만들었다. 규칙을 정한 9핀 게임은 여러 가지로 인기가 있어서, 곧 독일, 프랑스, 스위스, 네덜란드 등 유럽 전역으로 퍼지게 되었다.

9핀 게임이 유행함에 따라 경기 장소도 초기에는 맨땅 위에서 볼을 굴리던 것을 바닥에 석탄재를 뿌리기도 하다가 판을 깔아 만든 투구대도 사용하게 되었으며, 울타리와 지붕도 만들어서 실내경기의 성격을 띠게 되었다.

3) 10핀 볼링

유럽 각지에서 유행한 9핀 게임은 1625년 네덜란드의 이민인이 미국에 들여와 개척민의 오락으로 행하게 되어 미국 전 지역으로 퍼지게 되었다.

1800년대에 들어오면서 9핀 게임이 도박으로 유행하게 되어 청교도인들의 맹렬한 반대에 부딪혀서, 1841년 뉴욕 주를 시초로 코네티컷주에서도 금지령이 내렸으며, 곧 미국 전 연방이 9핀 경기 금지령을 선포함으로서 미국에서 9핀 게임은 한동안 자취를 감추게 되었다. 따라서 9핀 게임을 건전한 오락으로 즐겼던 사람들이 이 금지령이 너무 부당하여 참을 수가 없어서 고심을 하다가, 핀의 수를 하나 더 늘려 정삼각형으로 늘여놓는 10

핀 게임을 창안해 내게 되었다.

이 10핀 게임이 9핀 게임의 애호가들로부터 압도적인 열광을 받아, 1841년에는 뉴욕의 그리니치 빌리지의 지하실에 최초의 볼링센터가 개설되기에 이르렀다. 다음해에는 NBA(National Bowling Association)가 설립되어, 레인의 길이와 볼의 크기 등 여러 가지 경기규칙을 통일하였다. 그 후 1890년에는 아메리카 아마추어 볼링연맹이 발족하여, NBA의 업무를 이관하였고, 1895년에는 ABC(America Bowling Congress)가 창립되었다

4) 현대의 볼링

현대의 볼링은 유럽과 미국에서 스포츠로 전파되어 19세기말 동남아 각국에 널리 보급되었다.

즉 1890년 영국의 웨일즈와 빅토리아에 초대 볼링협회가 탄생되었고, 1915년 미국에서는 잔디볼링협회가 생겨났으며, 1938년에는 국제 볼링연맹이 조직됨으로서 현대볼링의 기수가 되었다. 1952년에는 수동식에서 자동식으로 핀세터가 발명되어 볼링이 폭발적인 인기를 받아 퍼져 나갔고, 같은 해에 국제주기자연맹 (FIQ)이라는 국제조직이 창설되어 볼링경기가 정식 스포츠로서 자리 잡는 계기가 되었으며, 아마추어 볼링선수들이 참가할 수 있는 볼링 대회 중 가장 규모가 큰 FIQ토너먼트(세계선수권대회)가 각 가맹국을 중심으로 해마다 개최되면서 오늘에 이르고 있다. 한편, 1978년 제 8회 방콕 아시안게임에서 정식 종목으로 채택되었던 볼링경기는 1982년 제 9회 뉴델리 아시안게임에서 제외되었다가 1986년 제 10회 서

울 아시안게임에서 다시 정식 종목으로 채택되었고 또한, 1988년 서울올림픽에서 전시종목으로 채택되었던 볼링경기는 1996년 애틀랜타 올림픽에서는 전시종목으로 채택이 거의 확실시됨으로써 전망을 한층 밝게 해주고 있다.

5) 우리나라의 볼링

국내에 볼링이 처음 도입된 것은 1952년 7월 미 8군 용산 기지에 수동 6레인 볼링장이 생기면서부터였다. 일반인을 위한 최초의 볼링장은 1967년 10 워커힐호텔 지하에 설치된 볼링장으로서 4개 레인이었다. 이후 대형화와 자동화된 핀세팅 기계가 설치되면서 많은 동호인수를 확보하는 스포츠 종목으로 자리답게 되었다.

1973년 대한 볼링협회 창설로 볼링의 체계 확립에 필요한 발판을 구축했으며 1978년 아시아연맹에 가입과 1979년 세계 볼링연맹(FIQ)에 62째 정식 회원국이 됨으로써 국제무대를 향한 디딤돌을 마련하였다. 1986년 서울 제 10회 아시아 경기대회에서 남·여 정식경기 종목으로 지정되었다.

제7장 볼링의 체크 포인트

하나의 문제에 대해 여러 가지 해답이 있을 수 있다. 따라서 가장 중요한 것은 자신의 문제와 상황에 맞는 정확한 해결책을 찾는 것이다.

비교적 볼링에서 흔히 발견할 수 있는 문제점들을 살펴보고 각각에 대한 원인과 해결책을 여러 각도에서 살펴보고자 한다.

초보자에게 흔히 나타나는 문제

1) 헤드업이 되었을 경우

릴리스 높이가 높아지면서 볼이 드롭 되는 현상이 나타날 수 있는데 이는 볼의 위력이 떨어지고 라인을 벗어나 헤드핀을 놓칠 수 있다. 릴리스 높이는 최대한 낮은 자세에서 이루어지는 것이 좋으며 릴리스시 볼의 높이는 복숭아 뼈 높이(30cm 이내)의 정도가 좋다.

2) 어깨 수평선이 무너졌을 경우

가장 먼저 인체의 축이 무너져 버려 착지 지점에서의 자세가 매우 불안전하게 되고 올바른 진자운동을 해 줄 수 없어 볼의 힘 전달이 안되고 이로 인해 볼 스피드가 현저히 떨어지게 된다. 또한 밸런스가 무너져 올바른 슬라이딩이 안되어 무릎 허리 어깨 등에 부상 확률이 높아진다.

3) 시선이 핀을 보았을 경우

약 18m 거리에 위치한 핀을 보고 스윙을 하게 되면 본인도 모르게 과다한 힘을 주게 되고 이로 인해 릴리스 시에 볼을 컨트롤 할 수 없게 된다. 따라서 시선은 에임 스폿에 고정 후 투구한다.

4) 손목이 고정되지 않았을 경우

전체적인 어프로치 타이밍을 아무리 맞춘다 해도 실질적으로 볼을 다루게 되는 손목이 고정되어 있지 않으면 스윙의 움직임에 있어서 궤도를 이탈하게 되고 릴리스 부분에서의 볼을 컨트롤 할 수 없게 된다. 또한 이로 인해 엄지 타이밍의 문제가 발생하여 손가락 부상을 초래할 수 있다. 손목 고정을 위해 아대를 이용하는 것도 좋은 방법이다.

5) 왼손을 충분히 벌리지 않았을 경우

왼손은 스텝을 하고 스윙을 하는데 있어서 몸의 균형을 유지시켜 준다. 또한 백 스윙시 가슴 수평선을 유지하는데 중요한 역할을 한다. 따라서 볼 무게로 인해 오른쪽 어깨가 오픈 되는 것만큼 왼손을 이용(몸통으로부터 적절히 벌림)해 가슴이 수평을 유지할 수 있도록 적절히 보상해 주어야 한다.

6) 릴리스 된 볼이 너무 뒤쪽에 떨어졌을 경우

볼의 컨트롤이 어렵고 볼에 충분한 힘을 전달할 수 없다. 오른손잡이의 4스텝인 경우, 슬라이딩 후 적어도 앞발의 30cm 앞쪽에서 볼이 릴리스 되는 것이 좋다.

7) 충분한 팔로우 드로우가 이루어지지 않았을 경우

팔로우 드로우가 충분히 이루어지지 않았을 경우는 볼의 파괴력이 떨어질뿐만 아니라 어드레스 상태에서 설정된 어깨, 에임스폿, 헤드핀을 연결하는 가상의 연결선상에 핀을 정확히 놓을 수 없게 된다. 충분한 팔로우 드로우를 위해서는 팔을 겨드랑이에 최대한 붙여서 귀까지 올려줘야 한다.

중급자 이상에서 나타날 수 있는 문제점과 해결책

문제점 1) 볼이나 레인 컨디션이 훅이 너무 많이 발생되는 경우

이런 문제에 접하면 어느 지점에서 훅이 너무 많이 발생되는지를 먼저 파악해야 한다.

(1) 레인을 옮긴다.

우선 자신이 레인의 어느 부분에서 플레이 하느냐 이다. 레인은 부분별로 헤드(처음 18피트), 파인즈(레인의 중간 부분), 백엔드(레인의 마지막 15-20피트)로 나눌 수 있다. 일반적으로 레인 중앙 쪽으로 갈수록 오일이 많기 때문에 현재 플레이하고 있는 지역에서 훅이 너무 일찍 발생하면 라인을 훨씬 안쪽으로 옮기는 것이 좋다.

(2) 적절한 볼의 선택

하지만 레인 중앙 쪽으로 옮겨도 훅이 너무 일찍 발생되는 경우도 간혹 있다. 이 경우에는 볼을 정확히 선택해서 사용하고 있는지 살펴야 한다. 볼의 리액션은 볼링볼의 커버 재질에 따라 크게 좌우된다. 커버가 특정 컨디

션(특히 드라이 헤드)에서 너무 어그레시브 하면 혹이 너무 일찍 발생할 수 있다. 이 경우에는 볼을 레인 아래쪽까지 가져갈 수 있는 비교적 덜 어그레시브한 커버스톡으로 바꿔서 사용해야 한다.

볼이 레인 아래쪽까지 계속 혹이 발생하는 경우에는 혹을 컨트롤 할 수 있는 방법을 생각해 볼 수 있다. 볼을 선택할 때 커버스톡뿐만 아니라 코어 구조와 레이아웃도 함께 고려해야 한다. 레인 컨디션 자체가 혹을 많이 발생시키는 경우에는 비교적 덜 어그레시브한 코어와 마일드한 레이아웃을 선택한다.

(3) 로프트(loft)도 한 방법

볼을 높이 멀리 던지는 것도 좋은 방법이 될 수 있다. 로프트를 하면 레인의 길이를 보다 짧게 이용할 수 있다. 예를 들어 볼을 파울라인에서 18인치 떨어진 지점에 착지 시키면 레인의 혹성을 감소시킬 수 있다. 로프트를 위해서는 볼을 6-10피트 정도 멀리 던지는 방법을 익혀야 되는데 릴리스 포인트에서 볼을 약간 더 오래 지체시키면 된다. 이렇게 하면 혹이 레인 훨씬 아래쪽에서 시작한다.

(4) 볼 스피드를 높인다.

볼 스피드를 높이는 것도 혹을 레인 아래쪽에서 시동하게 할 수 있는 방법이다. 스피드를 증가시키려면 파울라인까지 이동 동작을 보다 빠른 템포로 가져가는 것이 가장 좋다. 투구 동작의 역학은 그대로 두면서 템포만 빨리 가져가면 동작도 활발해지기 때문에 릴리스 할 때 볼 스피드를 증가시킬 수 있다.

(5) 릴리스의 강도를 조절한다.

릴리스의 강도를 늦추는 것도 생각해 볼 수 있다. 손과 팔목의 위치가 강력하면 훅이 잘되는 레인에서는 볼을 멀리 보내기가 어렵기 때문이다. 스탠스 자세에서 팔목에 긴장을 풀고 손을 똑바로 펴서 이런 상태를 어프로치에서 릴리스까지 계속 유지하면 볼을 레인 아래쪽까지 훨씬 쉽게 보낼 수 있다.

문제점 2) 볼이나 레인 컨디션이 훅이 너무 작게 발생되는 경우

(1) 타이밍을 점검한다.

우선 피지컬 게임. 특히 타이밍을 점검해야 한다. 타이밍이 너무 빠르면 몸보다 볼이 빨리 릴리스 포인트에 이른다. 어떻게 해보기도 전에 볼이 너무 앞서나가 버리면 릴리스도 약해진다. 이는 볼 리액션에서도 그대로 나타난다. 타이밍이 너무 빠를 경우 이를 해결하려면 첫째, 스타트 타이밍이 정확한지 둘째, 팔 스윙이 풋 워크에 비해 너무 빠르지 않은지 셋째, 볼이 아니라 몸이 피니시까지 동작을 리드해 나가는지 살펴봐야 한다.

(2) 레인을 옮긴다.

타이밍이 정확한데도 훅이 충분하게 되지 않을 경우에는 다른 곳을 살펴야 한다. 우선 레인의 어느 곳에서 플레이를 하고 있는지 살펴본다. 오일은 보통 레인 중앙 쪽에 많고 바깥쪽으로 갈수록 적게 분포되어 있다. 따라서 외곽으로 옮겨 플레이한다. 오일이 적은 외곽으로 이동하면 훅이 커진다.

(3) 볼링 볼을 점검한다.

　레인 외곽 쪽으로 옮겨도 훅이 잘 되지 않는 경우가 있다. 이때는 볼링 볼을 점검해야 된다. 여기에서도 커버재질이 중요한 요소가 된다. 이 경우에는 커버와 코어, 레이 아웃이 보다 어그레시브한 볼을 선택해서 사용해야 한다. 그런데 현재 구비하고 있는 용구 중에 가장 어그레시브한 볼이라도 최근에 클리닝이나 리서피싱을 하지 않았다면 비교적 일직선으로 나가는 경향이 있다.

(4) 볼을 레인에 일찍 놓는다.

　다음으로 점검해야 될 점은 볼을 레인에 릴리스 하는 방법이다. 볼에 훅을 좀 더 많이 생성시키려면 볼을 레인에 일찍 놓는 것이 좋다. 그러므로 타킷을 보다 가까운 쪽에 설정하여 볼을 일찍 놓는 것이 효과적이다. 이를 위해서는 자세를 낮춰 앉은 자세로 피니시에 들어가는 것이 좋다. 볼을 레인에 일찍 놓으면 롤을 생성해 레인을 좀더 길게 이용할 수 있다.

(5) 볼 스피드를 낮춘다.

　오일이 레인에서는 볼 스피드를 낮추는 것도 좋은 방법이 될 수 있다. 볼 스피드를 낮추려면 파울라인까지의 전반적인 템포를 늦추는 것이 좋다. 투구동작의 메카닉은 그대로 두고 동작의 템포만 늦추는 것이다. 이렇게 해서 볼의 스피드를 감소시키면 훅이 될 가능성이 높아진다.

(6) 컵 모양의 릴리스도 한 방법이다.

　릴리스에서 팔목과 손의 액션을 강화시키는 것도 도움이 된다. 즉 팔목과 손을 컵 모양으로 구부리는 것이다. 스탠스에서 이런 자세를 취해서 릴리스 포인트까지 계속 유지해야 한다. 핸드 액션이 강력하면 볼의 롤링도 강해지므로 오히려 레인에서 보다 좋은 결과를 가져올 수 있다. 혹이 충분하게 되지 않는 레인 컨디션에서 이런 조정을 할 수 있으면 볼링의 흥미를 한결 더 만끽 할 수 있을 것이다.

문제점 3) 볼을 떨어뜨리는 경우

이 문제 역시 여러 가지 해결책을 생각해 볼 수 있다. 그런데 이 문제는 보통 피지컬 게임과 관련이 있는 경우가 많다. 타이밍이 빠르고 볼이 몸보다 피니시에 일찍 들어가면 볼을 떨어뜨리기 쉽다. 볼이 앞으로 나가는 동안 몸이 뒤쫓아 가지 못하므로 힘을 자연스럽게 활용할 수 없기 때문에 볼을 레인에 착지시키기 매우 어렵다.

(1) 피지컬 게임을 점검

타이밍이 정확한지 살펴보려면 스윙 스피드와 풋 워크의 템포가 일치하는지 확인해야 한다. 발보다 스윙이 파울 라인에 일찍 도달하면 스윙이 너무 빠른 것이다. 또한 백스윙의 높이도 살펴봐야 한다. 백스윙이 너무 낮으면 볼이 몸보다 일찍 파울라인에 도달할 수 있다. 또한 스윙이 백스윙의 정점에서 릴리스까지 너무 가파른 각도로 떨어져도 파울라인에서 볼을 떨어뜨리게 하는 요인이 될 수 있다. 각도가 너무 급하면 레인까지 급격한 하강을 가져온다. 더구나 볼이 손에서 일찍 떨어지면 레인으로 급전직하 한다.

이런 문제를 해결하기 위해서는 스윙을 상하가 아닌 전후로 약간 완만한 각도로 이루어지게 한다는 기분으로 해야 한다. 또한 스윙의 정점에서 볼을 '쥐고 잡아당기는 자세'(볼을 꽉 움켜쥐고 힘을 주고 다운스윙하는 현상)는 이런 문제를 심화시킬 수 있으므로 주의해야 한다. 몸이 볼과 동시에 움직이게 하려면 볼이 릴리스지역에 진입할 때까지 기다려야 힘을 실을 수 있다.

(2) 피팅이 잘못되었는지 점검한다.

이 문제는 피지컬 게임 때문이 아니라 잘못된 피팅 때문에 발생할 수도 있다. 따라서 볼을 편안하게 쥘 수 있는 그립을 개발하는 것이 중요하다.

볼링 볼은 단단하게 잡아야 하지만 볼을 너무 꽉 쥐면 안 된다. 피팅이 잘못되면 여러 가지 문제가 발생할 수 있으며 볼을 떨어뜨리는 현상도 그 중의 하나이다. 하지만 피팅이 정확하더라도 엄지 홀을 계속 편안하게 유지 하려면 테이핑을 사용해야 한다. 피팅이 정확하더라도 테이핑을 하지 않으면 볼을 떨어뜨리기 쉽다.

문제점 4) 타깃까지 일관성 유지가 어려운 경우

이 문제 역시 피지컬 게임과 관계되는 경우가 대부분이며 그 원인은 다양하다. 하지만 타이밍에 일관성이 없는 경우에 가장 많이 발생한다.

(1) 타이밍의 일관성을 갖도록 한다.

타이밍의 변화는 그것이 아무리 미세하더라도 타깃의 방향각에 엄청난 차이를 가져다 줄 수 있다. 타이밍이 약간 늦으면 피니시 지점에서 어깨가 아직 타깃과 평행을 이루지 않기 때문에 볼이 오른쪽으로 빠지기 쉽다. 반대로 타이밍이 약간 빠르면 피니시 지점에서 어깨가 이미 타깃과 평행점을 지나 클로스 상태가 되기 때문에 볼이 타깃 안쪽으로 빠지기 쉽다.

(2) 일관성 있는 스윙을 유지

 스윙의 궤도가 일관성이 없는 것도 원인이 될 수 있다. 스윙의 궤도가 일정하지 않으면 볼이 레인에서 진행하는 방향도 일정하지 않다. 일관성이 가장 나쁜 경우는 백스윙 할 때 볼을 허리에서 멀리 감아쥐는 버릇 때문인데 이런 자세는 폴로 스루에서도(용어 일치 요) 스윙을 다시 감아쥐게 한다. 이런 투구 자세는 스윙 방향을 계속 다르게 하기 때문에 정확성을 크게 감소시킨다. 이런 경우에는 백스윙을 똑바로 뒤로하고 포워드 스윙에서 볼을 몸 가까이 유지하는 것이 중요하다. 스윙에 일관성을 유지하면 타깃에 대한 정확성도 향상 시킬 수 있다.

(3) 일관성 있는 릴리스

 피지컬 게임과 관련해서는 릴리스 역시 일관성 유지에 변수로 작용할 수 있다. 타깃에 정확히 볼을 보내려면 투구할 때마다 볼을 같은 방법으로 릴리스 할 수 있어야 한다. 어떤 샷에서는 손을 강력한 위치에 두고 정확하게 투구하면서 다음 샷에서는 볼을 일찍 회전시키고 손을 볼 옆으로 너무 일찍 가져가면 결과가 상반되게 발생하게 된다. 손의 압력을 일정하게 유지하는 것도 중요하다. 어떤 샷에서 단단하게 쥐고 다음 샷에서 헐렁하게 쥐면 볼의 방향도 바뀌는 결과를 가져온다.

(4) 정확한 피팅

 볼링 볼과 관련해서는 여기에서도 피팅이 정확성 유지에 중요한 역할을 한다. 볼을 쥐는데 너무 많은 에너지를 쓰고 신경을 빼앗기다보면 좋은 샷을 반복하기 어렵다.

(5) 오일이 많은 지역에서 플레이

레인의 잘못된 지역에서 플레이할 경우에도 일관성 유지에 영향을 받을 수 있다. 헤드에 오일이 거의 없거나 듬성듬성한 곳에 라인업 하면 훅이 매우 빨리 발생할 수 있다(특히 레인 아래쪽 화살표를 타깃으로 겨냥하고 있는 경우). 이런 현상이 발생하면 볼이 특히 타깃 안쪽으로 롤이 발생하는 경우가 많기 때문에 혹시 볼을 잡아당기지 않았나 의심할 수 있다. 이런 경우에는 헤드에 오일이 많은 레인지역으로 옮겨서 플레이하면 정확성을 향상시킬 수 있다. 타깃에 정확하게 들어가면 그만큼 포켓을 명중할 가능성이 높아지므로 스트라이크 확률도 높아지고 득점력도 향상될 수 있다.

제8장 볼링을 위한 스트레칭 및 근력강화 운동

볼링에서 나타날 수 있는 부상의 종류는 다양(팔, 어깨, 허리 등)하다. 이러한 부위의 부상 예방을 위해서 유연성 향상과 근력 증가는 필수적이다. 따라서 볼링을 하기 전 스트레칭을 통해 해당 근육을 풀어줌으로써 유연성을 높여주는 일은 아주 중요하다. 또한 좋은 기술을 발휘하기 위해서는 트레이닝을 통한 체력(근력)향상이 요구된다.

볼링에서 나타날 수 있는 일반적인 부상 부위와 대처 방법에 대해 살펴보면 다음과 같다.

부 상

1) 손가락 부상

잘못된 그립이나 지공은 볼러의 손가락 부상을 초래할 수 있다. 이는 볼러의 손을 정밀하게 분석하여 원인을 찾아내고 지공 방법을 수정해야 한다.

① 엄지손가락 첫째 마디의 등에 상처

<문제점>

첫째, 엄지손가락을 오므릴 때 생긴다.

둘째, 리버스 피치가 너무 많다.

셋째, 스팬이 너무 짧거나 길다.

넷째, 구멍이 너무 크다.

② 엄지손가락과 손바닥이 만나는 부위의 상처

<문제점>

첫째, 스팬이 너무 짧거나 너무 깊다.

이때는 삼각 칼로 구멍을 넓혀주어야 한다.

둘째, 구멍이 너무 크다.

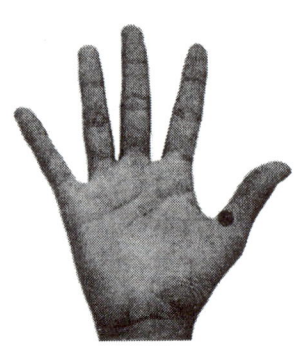

③ 중, 약지 손가락 안쪽의 상처

<문제점>

첫째, 스팬이 너무 길다.

둘째, 중, 약지 구멍이 너무 적다.

셋째, 인서트가 작다.

넷째, 포워드 피치가 많다.

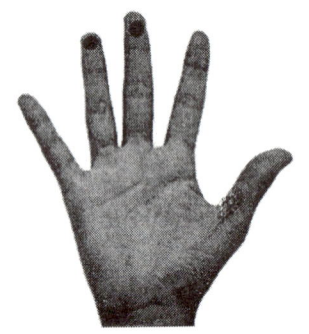

④ 엄지손가락 외측면의 상처
<문제점>
A부위: 첫째, 스팬이 너무 짧다.
　　　 둘째, 리버스 피치가 너무 많다.
B부위: 첫째, 왼쪽 피치가 많다.
　　　 둘째, 엄지 구멍이 작다.

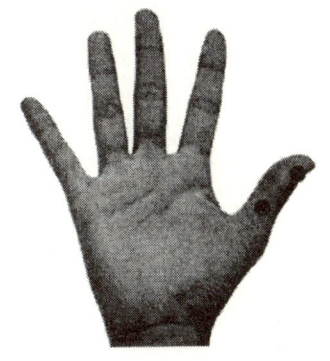

⑤ 엄지관절 양쪽에 상처
<문제점>
첫째, 엄지손가락 마디에 살이 없다.
둘째, 엄지 구멍이 너무 작다.
셋째, 엄지 지공 시 원형이 아니라 타원형으로 지공했다. 큰 문제는 없으므로 타원형으로 손가락 모양에 맞춤.

2) 팔꿈치

　앞에서 설명했듯이 자기의 몸무게, 실력에 맞는 볼 무게를 선택해야 하는데 과도한 중량의 볼을 이용하면 다운스윙 시 팔꿈치에 충격이 가해져 통증을 유발한다.
　이 때는 웨이트 트레이닝을 통한 근력을 키우는 방법과 중량을 내리는 방법을 택한다.

3) 어깨

　백스윙에서 릴리스까지 어깨 관절의 운동 범위가 커야 볼에 전달하는 힘이 커진다. 이는 볼의 속도나 에너지 그리고 운동량이 증가하기 때문에 어깨의 긴장이 가고 근육통을 유발 할 수 있다.

　이러한 근육통은 운동 전, 후에 정적 스트레칭을 해주면 운동 직후 또는 운동 중의 근육통을 경감시킬 수 있다.

4) 허리

　볼링경기는 밸런스, 리듬, 타이밍의 3박자가 이루어졌을 때 고득점을 낼 수 있다.

　특히, 릴리스시 밸런스가 무너져 중심이동이 제대로 이루어지지 않으면 고관절뿐만 아니라 허리에까지 충격이 전달되어 근육통이 발생한다. 근육통은 스트레칭과 웨이트 트레이닝을 통해 경감시킬 수 있다.

5) 일반적인 통증

(1) 피부수포

　오랜만에 볼링을 하거나 한꺼번에 너무 많은 게임을 하면 문제가 생길 수 있다.

　아무리 훌륭한 지공을 했다 하더라도 엄지와 중, 약지의 압력과 마찰이 생기기 때문에 볼과의 접촉 부분에 물집이 생길 수 있다.

(2) 피부경질

　엄지와 중, 약지가 마찰하는 부분에 굳은살이 생길 수 있는데 불의 무게를 받은 손의 접촉 부분에 형성된다.

이러한 현상은 지공이 정상적인 볼을 사용할 때에도 그립이 잘못되거나 투구가 잘못 될 경우 손에 지나친 압력과 마찰로 인해 기형적인 굳은살이 생길 수 있다.

부상 방지를 위한 운동

볼링 경기는 매우 다차원적인 개념으로서 유연성, 근력, 순발력, 지구력, 평형성 그리고 조정력 요소가 내포되어 있다.

이 중 유연성은 다른 어느 요소보다 자세에 미치는 영향이 크다. 또한, 볼링은 무거운 볼링공(8~16파운드)을 가지고 하는 경기로 적당한 근력이 요구된다.

1) 유연성 운동

15~30초
- 양손을 깍지를 끼어 손바닥이 하늘로 향하게 한다.
- 양팔이 귀에 닿을 정도로 최대로 뻗어준다.

15~30초
- 양손을 깍지를 끼어 손바닥이 정면을 향하게 한다.
- 어깨 높이로 양팔이 최대로 뻗어준다.

15~30초
- 양손을 뒤에서 깍지를 끼어 손바닥이 뒤쪽을 향하게 한다.
- 팔을 최대로 펴서 최대한 위로 올려준다.

좌·우
15~30초
- 한 손은 팔꿈치를 들어 머리 뒤로 넘겨준다.
- 다른 한 손은 팔꿈치를 잡고 천천히 아래쪽으로 내려준다.

좌·우
15~30초
- 한 팔을 반듯하게 펴서 다른 어깨 쪽으로 붙여준다.
- 다른 한 팔은 팔꿈치를 잡고 서서히 가슴쪽으로 당겨준다.

항 목	운동시간	실 시 방 법
	좌·우 15~30초	-한발을 뒤로 굽힌 상태로 중심을 잡고 선다. -양손은 발끝을 잡고 엉덩이 쪽으로 당겨준다.
	좌·우 15~30초	-한쪽 무릎을 90°에 가깝게 세우고 다른 발은 무릎이 땅에 닿도록 한 후 뒤로 길게 빼준 상태로 준비한다. -양손은 무릎 위에 모아놓고 체중을 앞쪽으로 밀어준다.
	15~30초	-무릎을 꿇은 상태에서 엉덩이를 뒤로 빼고 양손은 앞쪽으로 최대한 뻗어서 엎드린다. -가슴을 바닥 쪽으로 붙여준다.
	좌·우 15~30초	-의자 위에 한쪽 다리를 올려놓고 다리가 굽혀지지 않도록 한다. -양손은 발끝을 잡고 상체를 앞쪽으로 숙여준다.
	15~30초	-양손을 등 뒤에서 수건을 이용하여 잡고 바르게 선다. -팔을 최대한 위로 들어 올려준다.

2) 근력 운동

(1) 동적 근력 트레이닝(Isotonic training)

bench press

- 벤치에 등을 대고 손바닥을 위로 가게 해서 어깨보다 넓게(70~100cm)바를 잡는다.
- 발은 바닥에 완전히 붙이고, 머리, 등, 엉덩이는 운동하는 동안 벤치에서 떨어지면 안 된다.
- 바벨이 맨 밑으로 내려 왔으면 잠깐(1초~2초) 멈추었다가 다시 반복한다.

two-hand curl

- 두 손을 언더 핸드 그립으로 의자에 앉는다.
- 상체를 등받이에 기대고 두 팔꿈치를 충분히 편다.
- 손잡이를 천천히 양어깨까지 당긴 후에 다시 원래의 자세로 돌아온다.

dumbbell upright row

- 손등이 위로 향하게 덤벨을 잡은 상태로 무릎 바로 위쪽의 허벅지에 위치한다.
- 양팔을 어깨 넓이로 벌리고 선 후 팔을 약간 구부린 상태로 준비한다.
- 양손을 목까지 당겨 올려준 후 천천히 내려온다.

standing military press

- 바벨을 어깨넓이 보다 약간 더 넓게 양손의 간격을 유지한다.
- 가슴을 앞으로 내민 상태에서 바를 위로 올린다.
- 두 팔이 동일하게 모두 펴질 때까지 올려주고 서서히 내린다.

dumbbell dead lift

- 선 자세에서 덤벨을 양손에 들고 준비한다.
- 팔을 쭉 펴고 머리와 턱은 들며 허리부터 앞으로 구부려 덤벨을 내린다.
- 엉덩이를 앞으로 밀어 넣으며 시작 자세로 돌아온다.

- 기구에서 바벨을 머리 뒤로 넘겨 위치시킨다.
- 무릎과 허벅지가 90°가 되도록 하고 하체의 힘으로 바벨을 들어 올린다.
- 내릴 때는 호흡에 맞춰서 천천히 내려온다.

squat

- 양손에 덤벨을 쥔 상태에서 벤치에 눕는다.
- 양손을 가슴 중앙에 위치한 상태에서 팔을 벌려 양옆으로 내려준다.
- 1~2초간 버티고 다시 올린다.

supine lateral raise

- 바를 머리 뒤에 위치하고 다리는 어깨넓이로 선다.
- 뒤꿈치를 바닥에 거의 닿도록 한 상태로 준비한다.
- 발뒤꿈치를 최대로 위로 올려주고 1~2초간 버티고 서서히 내려온다.

toe raise

- 기구에 앉아 의자 높이를 적당히 맞추고 손잡이를 잡는다.
- 바에 힘을 강하게 주면서 다리를 올리고 최고 위치에 올라갔을 때 1~2초간 버텨준다.
- 천천히 내리면서 제자리로 돌아온다.

leg extension

- 양발을 어깨넓이로 벌린 상태에서 엉덩이를 약간 뒤로 빼줌과 동시에 무릎을 약간 구부리고 준비한다.
- 양팔을 모두 펴준 상태에서 양 주먹이 가슴 옆쪽에 위치할 때까지 끌어 당겨준다.
- 서서히 내린 후 반복한다.

dumbbell bent-over row

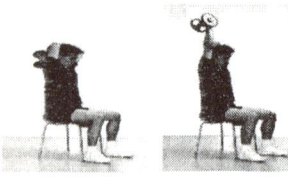

- 의자에 앉은 후 덤벨을 한손에 잡고 다른 한손은 팔꿈치를 받쳐준다.
- 팔을 굽혀 덤벨을 머리 뒤 목 부위로 넘긴다.
- 덤벨을 들어 팔이 다 펴질 때까지 머리 위로 들어준다.

dumbbell triceps-extension

- 어깨 넓이로 선 자세에서 양손에 덤벨을 들고 선다.
- 양팔을 앞으로 들어 어깨 높이까지 들어준 후 서서히 내려온다.

forward raise

- 어깨 넓이로 선 자세에서 양손에 덤벨을 들고 선다.
- 양팔을 옆으로 들어 어깨 높이까지 들어준 후 서서히 내려온다.

lateral raise

- 기구에 몸을 기대고 누운 상태에서 상체를 숙이고 양손은 허리 뒤에 위치한다.
- 시선은 정면을 바라보고 상체를 최대로 들어준다.
- 처음 자세로 다시 돌아와 동작을 반복한다.

hyper extension

- 발목을 바에 건 상태에서 무릎을 구부리고 눕는다.
- 양팔은 교차하여 가슴이나 복부를 싼다.
- 상체를 들어올리면서 목을 구부려 턱을 가슴에 댄다.
- 서서히 동작을 반복한다.

sit-up

제9장 용어

공식용어

영어	한글	설명
Aim spot (range finder)	에임 스폿	겨냥점
Angle	앵글	볼이 구르는 궤도상의 각도
Approach(run way)	어프로치	선수의 투구 동작을 위한 조주로
Arrows	에로우	레인 위에 있는 화살표 모양의 목표점
Average	에버리지	평균 점수(2게임 이상의 총득점을 경기수로 나눈 점수)
Back swing	백 스윙	볼을 쥔 팔이 등 뒤로 올려진 상태
Backup ball (=reverse hook)	백업 볼	오른손(왼손) 투구자의 투구볼이 우측(좌측)으로 휘어 도는 구질
Ball action	볼 액션	볼이 구르는 형태
Ball return	볼 리턴	볼이 볼 테이블로 되돌려지는 통로
Ball rack	볼 랙	볼을 올려놓는 선반
Ball track	볼 트랙	볼이 일정한 방향으로 회전하여 볼에 생기는 궤적
Boards	보드	레인을 형성한 나무판(보통 39보드)
Bridge	브리지	볼의 중지와 약지 구멍 사이의 간격
Core	코어	볼의 내부 중심부
Count	카운트	스트라이크나 스페어 후의 득점한 점수

용어	한글	설명
Delivery	딜리버리	볼을 투구하는 것을 말함
Dot	닷	파울 라인 전후에 표시된 점
Down swing	다운 스윙	푸시 어웨이 동작 다음에 볼을 아래로 내리는 동작
Dressing	드레싱	레인 위에 오일을 일정하게 바르는 것
Drill	드릴	볼에 손가락 구멍을 뚫음
Durometer	듀로미터	볼 표면 강도 측정기
Error	에러	스페어 처리를 못한 상태
Follow through	폴로 스루	투구 후의 연속된 팔 동작
Forward pitch	포워드 피치	손가락의 중심선이 볼의 중심보다 안쪽으로 치우쳐진 각
Forward swing	포워드 스윙	뒤에 가져간 볼을 진자의 원리에 다라 앞쪽으로 보내는 것
Foul line	파울 라인	파울선
Frame	프레임	1게임을 10등분한 1회마다의 구문
Four finger grip	풀 핑거 그립	중·약지의 셋째마디까지 넣어 볼을 잡는 방법
Full roller	풀 롤러	볼의 중심을 축으로 큰 원호를 그리며 회전, 스트레이트 구질
Glove	글로브	손목 보호용 장갑
Grip	그립	볼을 쥐는 방법
Guide spot	가이드 스폿	유도점
Gutter	거터	레인 좌우측 홈
Gutter ball (=paddle)	거터 볼	볼이 레인 좌우측 홈에 떨어진 경우
Handicap	핸디캡	대등한 경기를 위해 실제 점수에 가산한 점수
Head pin	헤드 핀	1번 핀
High game	하이 게임	최고 득점을 낸 1게임
Hook ball	훅 볼	직선 궤도를 형성하다가 핀 가까이에서 곡선 궤도를 이루는 구질

영어	한글	설명
Hooking point	후킹 포인트	볼이 휘어지는 지점
House ball	하우스 볼	볼링장에 비치하고 있는 볼
Impact point	임팩트 포인트	투구된 볼이 핀과 부딪치는 점을 말함
Inside bowling	인사이드 볼링	오른손잡이의 경우 오른쪽에서 왼쪽으로 치우쳐 볼을 투구하고 왼손잡이의 경우 왼쪽에서 오른쪽으로 치우쳐 볼을 투구하는 것
Key pin	키 핀	남아 있는 핀 중에서 스페어 시 가장 중요한 위치의 핀
Lane(=alley)	레인	볼을 굴릴 수 있도록 만들어 놓은 코스
Lane condition	레인 컨디션	레인 상태
Lay lot	레이 아웃	배치하다
Lift	리프트	릴리스 상태에서 볼을 회전시키는 동작
Line bowling	라인 볼링	목표 지점 선정 시 핀에서부터 에임스파트까지 볼이 굴러갈 가상의 가인을 그어 투구하는 방법
loft bowl	로프트 볼	릴리스가 늦어져서 파울라인보다 훨씬 앞에 볼이 떨어지는 것
Miss	미스	제1구에 남은 핀을 제2구로 전부 쓰러뜨리지 못함
Nine pin bowling	나인 핀 볼링	9개의 핀을 다이아몬드 형태로 세워두고 경기하는 볼링
Oil condition	오일 컨디션	레인에 오일이 칠해져 있는 상태
Open (=open frame)	오픈	스트라이크 또는 스페어 처리에 실패한 프레임
Open bowling	오픈 볼링	재미나 연습 삼아하는 리그나 토너먼트가 아닌 플레이
Out side	아웃 사이드	오른손잡이가 레인의 중앙보다 우측 편에서 투구하는 동작
Perfect game	퍼펙트게임	1게임에서 300점을 기록한 경기(스트라이크 12개)

Perfect strike	퍼펙트 스트라이크	완벽하게 이루어진 스트라이크
Pin	핀	볼링핀
Pin action	핀액션	볼에 맞은 핀의 연쇄운동
Pin bowling	핀 볼링	핀만을 표적으로 투구하는 볼링
Pin deck	핀 데크	핀을 세워놓는 곳
Pin setter	핀 세터	핀을 배열하는 장치
Pin spot	핀 스폿	핀을 세우기 위한 표시점
Pitch	피치	볼의 구멍이 뚫린 형태(각도)
Pocket	포켓	스트라이크가 유발되는 지역
Position round	포지션 라운드	플리그 경기에서 정해진 게임의 합계 점수 순위에 따라 경기 위치를 재배열하는 것
Push away	푸시 어웨이	제 1보 스텝에서 볼을 밀어내는 것
Rebowl	리보울	재투구
Release	릴리스	투구 동작에서 손으로부터 볼을 굴리는 상태
Rental shoes	렌탈 슈즈	볼링장에 비치된 빌려 신는 볼링화
Return rack	리턴 랙	투구한 볼이 되돌아와서 얹히는 선반
Reverse pitch	리버스 피치	손가락 구멍의 중앙선이 볼의 중심점보다 바깥쪽으로 치우쳐 이루어진 지공 각도
Score	스코어	점수
Score table	스코어 테이블	점수 기록석
Semi finger grip	세미 핑거 그립	볼을 잡을 때 중·약지의 둘째와 셋째마디 사이까지 넣어 잡는 형태
Semi rolling	세미 롤링	볼의 중심에서 3/4하단을 축으로 구르는 형태. 훅 볼 구질
Side pitch	사이드 피치	지공된 구멍의 중앙선이 볼의 중심선에서 좌·우로 경사진 각
Side rolling	사이드 롤링	볼이 가로로 회전하는 것
Slide	슬라이드	볼 투구 마지막 동작시 어프로치를 미끄러져가는 상태
Slow lane (=soft alley)	슬로 레인	볼과 레인의 마찰이 커서 훅이나 커브가 심하게 되는 레인(늦게 굴러가는 레인)

영어	한글	설명
Span	스팬	볼의 엄지 구멍과 중지 · 약지 구멍간의 거리
Spare	스페어	제1투구에서 남은 핀을 제2투구에서 모두 쓰러뜨리는 것
Spin	스핀	볼의 회전
Spinner	스피너	볼의 하단부를 축으로 회전하며 곡선을 그리며 굴러가는 궤도. 커브볼 구질
Split(=rail road)	스플릿	1번 핀이 없는 상태에서 핀과 핀의 간격이 벌어진 상태
Spot	스폿	레인 위에 설치되어 있는 유도 표시
Spot bowling	스폿 볼링	투구의 목표 지점으로 파울 라인 앞 15피트 지점의 표식을 겨냥함
Stance	스탠스	투구 동작 직전의 준비 자세(양발의 위치 선정 동작)
Standing position	스탠딩포지션	어드레스 때에 서는 위치
Straight ball	스트레이트 볼	직선 궤도를 형성하는 구질
Stride	스트라이드	투구를 행할 때의 보폭
Strike	스트라이크	제 1구로 10개의 핀을 전부 쓰러뜨리는 것
Stroke	스트로크	릴리스 동작시 모든 기술을 지칭
Sweep bar	스위프 바	핀 데크에 넘어진 핀을 핏트로 끌어내리는 가로막대
Sweeper	스위퍼	핀을 레인 위에 남기지 않고 모두 쓸어내는 기구
Swing	스윙	어프로치에서부터 릴리스까지 앞뒤로 볼을 움직이는 동작
Target	타킷	레인 위의 삼각형 투구 목표 지점 표시
Ten pin bowling	텐 핀 볼링	10개의 핀을 역삼각형으로 세워두고 경기하는 볼링
Track	트랙	볼에 구름 자국이 둥글게 형성된 모양
Turn	턴	볼을 놓기 직전에 손목을 약간 회전시키는 것
Winner	위너	승자
Zero pitch (=conventional pitch)	제로 피치	볼 지공시 볼의 중심점을 향하여 똑바로 뚫려 있는 기본형 피치를 말함

비공식용어

용어	한글	설명
Baby splits (=marphy)	베이비 스플릿	비교적 처리하기 쉬운 2-7, 3-10스플릿
Bed posts (=goal post =fence post =snake eye)	베드 포스트	7-10스플릿
Big ears (=double pinnacle =postgolden gate)	빅 이어즈	4-6-7-10번 핀이 남은 스플릿
Big five	빅 파이브	한쪽에 두 개의 핀, 반대측에 세 개의 핀을 남긴 스플릿
Brooklyn(=cross over)	브루클린	오른손(왼손) 볼러가 1번 핀 좌측(우측)에 맞추는 것
Bucket	버킷	오른손 볼러는 2-4-5-8번 핀, 왼손 볼러는 3-5-6-9번 핀이 남는 경우
Charity (=christmas tree =lily=sour apple)	체러티	2-7-10또는 3-7-10스플릿
Cherry	체리	스페어 처리시 겹쳐 있는 2개의 핀 중 앞 핀만 쓰러뜨린 경우
Christmas tree	크리스마스 트리	3-7-10번 핀이나, 2-7-10번 핀이 남은 스플릿
Cincinnati	신시내티	8-10번 핀이 남은 스플릿
Clothes line (=piket fence)	크로스 라인	1-2-4-7번이나 1-3-6-10번 핀이 남는 것
Double	더블	2회 연속 스트라이크
Double wood	더블 우드	하나의 핀이 하나의 핀 뒤에 있는 것. 2-8번 핀, 3-7번 핀
Drift	드리프트	스텝시 오른쪽 또는 왼쪽으로 빗나감
Foundation	파운데이션	9프레임에서 스트라이크를 얻는 것

영문	한글	설명
Four timer	포 타이머	4회 연속 스트라이크
Goal post (=Snake eye)	골 포스트	7-10번 핀을 남긴 스플릿
Golden gate	골든 게이트	4-6-7-10번 핀이 남은 스플릿
Greek church	그릭 처치	우측에 6-9-10번, 좌측에 4-7번 핀이 남은 스플릿
Heavy split	헤비 스플릿	3-7, 3-10번 핀 스플릿
Pacer	페이서	보조 경기자
Pendulum swing	펜드럼 스윙	볼을 시계추처럼 스윙하는 것
Pitch gauge	피치 게이지	볼의 구멍 상태를 측정하는 기구(각도 측정)
Score sheet	스코어 시트	점수 기록 양식
Sour apple	사우어 애플	5-7-10번 핀이 남은 스플릿
Tandem	탠덤	2개의 핀이 앞뒤로 서서 앞에서 1개의 핀만 보이는 경우
Triple(=turkey)	트리플(터키)	3연속 스트라이크
Toad eye	토드 아이	4-6번 스플릿
Woolworth	울워스	5-10번 스플릿

Bowling의
기초이론과 실제

인 쇄 · 2005년 1월 6일
발 행 · 2005년 1월 10일

저 자 · 이 종 호
발행인 · 박 상 규
발행처 · **도서출판 보 성**

주 소 · 대전광역시 동구 삼성2동 318-31
전 화 · (042) 673-1511, 635-1511
등록번호 · 61호
ISBN · 89-89891-38-8 03690

값 10,000원